KB249891

성공기업들의
생존방법

지식서비스
아웃소싱

운영전략편

성공기업들의
생존방법

지식서비스 아웃소싱

운영전략편

지식경제부 산업연구원

이담 Books

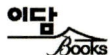

추천사

기업인 여러분 안녕하십니까?

지난 몇 년 동안 우리 경제는 국제 금융 위기, 고유가, 수입 원자재 가격 상승 등 여러 가지 어려운 대외적인 위기와 난관을 극복해 왔습니다. 대내적으로도 성장 둔화, 고용 위축 등을 겪으면서 신기술 개발, 구조조정 등 일련의 혁신 활동을 통하여 내실을 다져왔습니다. 이러한 노력의 결과 우리 경제는 점진적으로 고효율, 고부가가치 산업을 중심으로 산업 구조를 재편해 나가고 있습니다. 무수한 대내외적인 역경 속에서도 우리 경제가 다시 나아가고 있는 것은 우리 기업가들의 강한 도전 정신과 혁신을 위한 부단한 노력 덕분입니다.

우리나라가 선진국으로 진입하기 위해서는 우선적으로 우리의 산업 구조를 선진국형으로 전환해 나가는 것이 필요합니다. 이는 특정 산업 부문의 외형적 비중 증대가 아니라 기업 활동의 구성과 내용의 질적 수준을 제고함으로써 가능할 것입니다. 글로벌화, 정보화와 같은 패러다임의 전환기에 지속 가능한 성장 동력을 확보하기 위해서는 창의적인 지식 경영이 필수적입니다.

그동안 우리 경제는 제조업을 성장 동력으로 하여 세계 11위의 무역 대국으로 성장하였습니다. 반도체, 조선 등의 분야는 세계 1~5위의 경쟁력을 갖추게 되었습니다. 반면에 서비스산업은 GDP 및 고용에서 차지하는 비중과 생산성이 주요 선진국에 크게 못 미치고 있습니다. 제품의 품질과 가격 경쟁력에 큰 영향을 미치는 상품 기획, 연구 개발, 디자인, 경영 컨설팅 등 지식서비스산업의 수준도 마찬가지입니다. 서비스업 중에서도 우리가 강점을 가지고 있고 제조업의 부가가치를 높이며 동반성장할 수 있는 것은 지식서비스 업종입니다. 그리고 지식서비스산업의 발전은 공급 부문의 경쟁력 확대와 수요 업체의 아웃소싱 확대에 달려 있습니다. 우리 기업들도 아웃소싱을 통해 비용을 절감하고 핵심 사업에 역량을 집중함으로써 전문성 제고와 구조 개선을 통해 지속가능한 성장을 추구해 나갈 수 있을 것입니다.

아웃소싱 시장이 활성화되기에는 기업의 수직적인 의사결정 구조, CEO의 인식 부족, 아웃소싱 공급업체의 영세성, 최저가 낙찰제 운영, 기업 보안 관련 문제 등 아직도 많은 장애요인이 있습니다. 그러나 우리가 2만 불, 3만 불 시대로 진입하기 위해서는 제조업의 성장과 더불어 지식서비스산업의 발전이 필수적이라는 점을 인식해야 할 것입니다. 오늘날 선진국으로 갈수록 서비스산업이 경제에서 차지하는 비중과 중요성이 점차 높아지고 있고, 특히 지식서비스산업이 제조업의 경쟁력 제고에 직접 기여하면서 고급 일자리 창출도 가능한 유망산업이기 때문입니다.

전체 기업의 95% 이상을 차지하는 중소기업은 지식서비스 조달이 필요한 분야의 선택, 공급자의 물색, 피드백, 성과의 유지 등 아웃소싱 방법론에 관하여 참고할 만한 정보를 충분히 가지고 있지 못합니다. 다국적 기업들의 아웃소싱 전략이나 사례는 널리 알려지고 있으나, 기업 규모가 작고 인적 자원이 충분치 못한 우리 중소기업들이 활용하는 데에는 한계가 있습니다. 이에 지식경제부는 산업연구원과 공동으로 우리 중소기업이 보다 쉽게 아웃소싱을 추진하는 데 도움이 될 수 있도록 『(성공기업들의 생존방법)지식서비스 아웃소싱(기술전략편, 운영전략편)』을 발간하게 되었습니다. 본 사례집은 중소기업이 지식서비스 아웃소싱 과정에서 직면하는 문제를 해결하는 데 조금이나마 보탬이 되고, 아울러 지식서비스의 중요성을 인식하고 지식 경영을 도입하는 데 길잡이 역할을 할 것으로 기대합니다.

앞으로도 지식경제부는 우리 기업들의 지식경영을 확산시키고 우리 산업의 지식산업화를 촉진할 수 있는 다양한 정책을 시행해 나갈 것입니다. 특히 지식서비스 분야의 발전과 새로운 분야의 발굴, 그리고 서비스의 수요 확대를 위한 정책 발굴에도 지속적으로 관심을 기울여 나가겠습니다.

끝으로 지식서비스 아웃소싱 우수사례 조사에 기꺼이 응해주신 기업체와 사례연구에 참여한 연구진, 그리고 이 책의 발간에 협조해 주신 출판사 관계자 모두에게 진심으로 감사드립니다.

2010년 4월
지식경제부 장관

최경환

머리말

　지식 활동은 기업 혁신의 출발점입니다. 일찍이 경기순환론의 대가인 J. A. 슘페터는 혁신을 '생산을 확대하기 위하여 노동, 토지 등 생산 요소의 편성을 변화시키거나 새로운 생산 요소를 도입하는 기업가의 행위'라고 정의하였습니다. 또한 경영평론가로 유명한 피터 드러커는 '혁신은 기존 자원이 부를 창출하도록 새로운 능력을 부여하는 활동'이라고 말합니다.

　이처럼 기업이나 산업의 발전에는 혁신 활동이 중요하고, 그 혁신의 성공 여부는 얼마나 많은 지식을 보유하고, 보유한 지식을 어떻게 효과적으로 활용하느냐에 달려 있습니다. 기존에는 주로 기업의 연구 개발 활동에 지식을 투입함으로써 혁신을 추진하였습니다.

그러나 최근에는 기술 개발뿐만 아니라 기업의 업무 재설계나 서비스 과학화, 비즈니스 모델의 개발과 같은 비기술적 혁신도 매우 중요해지고 있습니다.

　최근 혁신 기업의 전형으로 널리 회자되고 있는 미국의 애플사는 아이팟, 아이폰, 아이패드로 이어지는 일련의 혁신적인 제품을 시장에 내놓고 있습니다. 애플을 혁신기업이라고 일컫는 데는 비단 신제품의 성능이나 디자인 때문만이 아닙니다. 애플은 혁신적인 디바이스와 콘텐츠 서비스를 결합함으로써 전례 없는 성공을 거두고 있는 것입니다. 애플의 주가는 2001년 9.35달러에서 2010년에는 240달러를 넘어서 10년 만에 20배 이상 상승하였습니다. 애플의 성공 사례에서 보듯이 성공하는 기업에는 혁신적인 사고와 혁신적인 기업 활동을 하는 경영자가 있었습니다.

　잘 알려진 바와 같이 이처럼 기업이 경영 활동에 필요한 지식을 투입하기 위해서는 기업 내부에서 지식집약적 활동(knowledge intensive activity)을 강화하거나 기업 외부로부터 혁신에 필요한 지식을 도입해야 합니다. 그러나 중소기업들은 열악한 자금 사정, 고급 인력의 부족 등으로 기업 내부에서의 지식집약적 활동을 강화하기 쉽지 않습니다. 따라서 필요한 지식을 외부 기업으로부터 조달하는 지식서비스 아웃소싱이 하나의 대안이 될 수 있습니다.

그러나 우리나라 기업들은 아웃소싱을 주로 비용 절감을 위한 수단으로만 인식하는 경향이 있습니다. 선진국에서는 이미 비용 절감 목적 외에도 혁신을 위한 지식 도입을 위한 목적으로 다양한 분야에서 아웃소싱을 추진하고 있습니다. 다행히도 최근 일부 국내 중소기업들도 지식서비스를 아웃소싱하는 사례가 여러 분야에서 나타나고 있습니다.

이 보고서는 국내 중소기업들의 지식서비스 아웃소싱 사례를 체계적으로 수집, 정리한 사례집입니다. 먼저 기업 활동을 디자인, 마케팅, 연구 개발, IT 활용 등 기능적인 측면에서 분류하고 분야별 대표 사례를 수집하였습니다. 아울러 아웃소싱 프로세스를 도입 배경, 공급자의 선정, 운영 및 문제 해결, 성과 분석 등으로 구분하여 각 단계에서의 수요자와 공급자의 역할과 성과를 기술하였습니다.

비록 이 보고서에 수록된 지식서비스 아웃소싱 기업들의 사례가 아웃소싱을 계획하고 있는 우리 중소기업들에게 충분한 정보를 전달하는 데는 부족한 점이 있을 것입니다. 그러나 지식서비스 아웃소싱에 관한 정보가 거의 전무한 우리 현실에서 앞선 기업들의 지식서비스 아웃소싱 사례는 후발 기업들에게 적지 않은 참고가 될 수 있을 것입니다.

이 연구는 산업연구원이 지식경제부의 지식서비스산업 육성을 위한 정책 사업의 일환으로 추진하였습니다. 먼저 우리나라 산업 혁신에 도움을 주고자 기꺼이 지식서비스 아웃소싱 관련 정보를 제공해 주신 업체들에 감사드립니다. 지식서비스 아웃소싱 연구기획 및 최종 원고를 정리한 산업연구원의 지식서비스팀과 현장조사 업무를 추진한 인포마스타(주) 임직원, 그리고 이 책의 출판을 맡아주신 한국학술정보(주)의 노고에도 감사드립니다. 아울러 이 보고서의 내용은 지식경제부와 산업연구원의 공식 견해가 아니며, 조사 연구에 참여한 필자들의 의견임을 알려드립니다.

감사합니다.

2010년 4월

산업연구원장

|C|O|N|T|E|N|T|S|

추천사   05
머리말   09

1 경쟁력 강화를 위한 포석, 인재 양성
┃세방(주)과 메소코리아┃

1. 세계를 무대로 최상의 물류 서비스를……   25
2. 세방의 차별화된 경쟁력   26
3. 세방만의 물류 전문가   30
4. 도전과 창조의 정신으로   33
5. 보다 나은 아웃소싱을 위한 조언   35

2 아웃소싱의 기본 조건, 나이키 정신을 이해하고 있는가
┃나이키 코리아와 Afo Communications┃

1. 'Just do it', 꿈이 없으면 도전은 불가능하다   41
2. 스포츠 즐기기와 마케팅   42
3. 아웃소싱 업체 기본 조건   47
4. Outsourcing, 내부 인력의 기획력을 통한 경쟁력 강화   50
5. Outsourcing, 합리적이고 효율적인 방안   51

3 Asia Beauty Creator를 꿈꾸며
┃아모레 퍼시픽과 하나엔지니어링 ┃

1. 가업으로 시작한 Beauty Creator의 꿈   57
2. 모든 위기는 고객의 신뢰를 얻을 수 있는 최고의 기회   58
3. 고객 만족을 위해서라면 누구든 친구가 될 수 있다   61
4. 아웃소싱은 최선을 향한 경영전략의 일부분   65
5. 무한한 기회를 제공할 아웃소싱, 미래를 대비하라   68

4 기술력을 확보할 수 있는 대안
┃코스본과 대아테크 ┃

1. 해외에서 먼저 알아본 기술력   73
2. 국제적 브랜드로의 도약   75
3. 아웃소싱 업체 선정기준도 기술력   78
4. 기술력의 확보와 비용 절감   82

5 지식서비스 산업으로 회사를 업그레이드하다
┃픽스 코리아와 넥스디자인플래닝(주)┃

1. 우연히 찾아온 기회   87

2. 목적이 없으면 비전이 없다   88

3. 전시의 꽃 부스 설치 아웃소싱   91

4. 아웃소싱 업체DB의 성공노하우   93

6 가족 중심의 휴양지로
┃GCS plus(주)와 서브원┃

1. Value no.1   99

2. 가족 중심의 편안한 시설로   101

3. 효율성과 전문성의 확보, 그리고 비용 절감 105

4. 서비스의 고급화를 위한 숙제   109

7 내부 역량 강화를 통한 아웃소싱
┃ 한솔교육과 솔트앤페퍼 ┃

1. 성장의 신화를 만들어 온 한솔교육   113
2. 시장의 변화에 대비하는 한솔   114
3. 내부 역량 강화를 통한 아웃소싱   116
4. 아웃소싱에 대한 열린 마음은 성공의 지름길   121
5. 성공적인 아웃소싱을 위해서   122

8 전문성과 경쟁력을 갖춘 아웃소싱
┃ (주)풀잎라인과 한성물류 ┃

1. 두부 관련 제품으로 비약적인 성공   127
2. 품목의 다변화로 틈새시장 공략   129
3. 비주력 분야이지만 중요한 물류 부문 아웃소싱   131
4. 물류 아웃소싱 업체에 물류 교육 별도 실시   135
5. 아웃소싱은 차세대 성장 동력 산업   136

9 아웃소싱을 통해 동반 성장을 이루어 낸다

▌CJ 제일제당과 에이텍 ▌

1. 내 가족이 먹을 음식이라는 마음으로   141
2. 식품에 적합한 포장을 직접 개발까지……
   국내 유일한 케이스   142
3. '안전성'과 '편리성'이 개발의 핵심 목표   144
4. 이제는 식품 포장 기술의 기준으로 자리 잡아   145
5. 아웃소싱을 통해 비용 줄이고 전문성 높여   146
6. 뛰어난 기술력 있다면 과감히 투자할 것   147
7. 신제품 개발과 안전성 평가를 위한 Win – Win 게임   149
8. 공동 개발 통해 서로 성장해 가야   150

10 차별화된 서비스 제공을 위한 선택
┃옴니텔과 알림커뮤니케이션┃

1. 유비쿼터스(ubiquitous)시대를 선도하는 옴니텔   155
2. 국내를 벗어나 해외시장으로 진출을 도모하다   156
3. IR업무를 전문화하기 위한 선택   160
4. 상생관계로 발전하는 것이 아웃소싱이 활성화되는 길   165

11 2015년, 세계 5위 타이어회사를 목표로
┃금호타이어와 대한통운┃

1. 첨단기술의 집합체 자동차 타이어   169
2. 세계 TOP 5로의 도약을 위해   172
3. 시간과 양의 싸움, 물류를 아웃소싱하다   173
4. 아웃소싱 성과에 대한 철저한 평가   177

12 아웃소싱 도입 후 직원 단합과 생산성 향상 이루어
▌(주)맑은식품과 삼정법무법인 ▌

1. 무공해 두부, 콩나물 판매로 월매출 12억 이루어   183

2. 정기 산행 통해 회사에 대한 유대감과 소속감 높여   184

3. '무공해 식품 인증 및 식약청 HCCP인증 획득해'   185

4. '안정적인 시장 공략으로 위험성을 줄일 것'   186

5. 향후 소비자의 신뢰를 받는 기업으로 키워 나갈 것   187

6. 노무관리 아웃소싱이 노사 간의 단합 이루어 내   188

7. 업무능력과 기술력을 핵심 평가요소로 관리평가
   매뉴얼 작성   189

8. 아웃소싱을 통해 매출은 증가하고, 비용 발생은
   줄어들어   191

9. 아웃소싱 활성화 위해서는 정부의 지원과 개발이
   요구돼   193

13 人事는 萬事다!

┃한국산업단지공단과 커리어넷┃

1. 공간과 가치를 동시에 창조하는 한국산업단지공단　　　197

2. 한국산업단지공단 산업단지 통합서비스의
   Global Standard를 향하여……　　　197

3. 기업의 성공파트너, 한국산업단지공단　　　199

4. 기업중심 · 정보중심 미래를 향한 산업단지 구축　　　200

5. 人事는 萬事이다! 그래서 아웃소싱이다　　　202

6. 인재 채용 아웃소싱 공급업체에 대한 신뢰　　　204

7. 아웃소싱 능력 – 공급과 수요 업체 경험의 조화　　　205

8. 아웃소싱으로 인한 유익은 사업 외적인 부가적
   성과 도출에 있다　　　206

9. 인재의 등용은 보다 철저하게 투명하고
   객관적이어야 한다　　　207

14 선택과 집중의 해결책 아웃소싱
┃한전KPS와 (주)ID119닷컴┃

1. 국내 유일의 발전 관련 보수 전문 업체   213
2. 세계 최고라는 자부심으로 국제경쟁력 확보   214
3. 장비 운송관리 분야 아웃소싱   217
4. 고정 비용 및 인력 절감을 통한 안정적인 운영   219
5. 각 분야별 정보 교류로 아웃소싱 도입의 실패를 줄이라 222

15 신뢰를 바탕으로 효율성을 극대화시키는 방법
┃(주)포트론과 신성엔에스텍┃

1. 현재보다는 내일을 기다리는 포트론   227
2. 높은 기술력으로 불황도 이겨낸다   228
3. 포트론이 발전하기 위해 꼭 필요했던 선택, 아웃소싱   232
4. 신뢰를 바탕으로 한 아웃소싱이 필요하다   235
5. 아웃소싱의 질 확보가 관건이다   238

경쟁력 강화를 위한 포석, 인재 양성

:: 세방(주)과 메소코리아

1. 세계를 무대로 최상의 물류 서비스를……

2. 세방의 차별화된 경쟁력

3. 세방만의 물류 전문가

4. 도전과 창조의 정신으로

5. 보다 나은 아웃소싱을 위한 조언

구분	발주사	공급업체
업체명	세방(주)	메소코리아
주요업종	운송, 보관, 하역	기업교육 서비스
대표명	권행석	양동연
주소	서울시 강남구 역삼2동 708-8 세방빌딩	서울시 마포구 신수동 371-22
홈페이지		www.mesokorea.com
요약		일반역량 분야, 계층별 분야, OA 활용 분야, 자격검증 분야, 직무 관련 분야, 국제경영 분야 등의 업무 영역에 관한 직장인 직무 및 자기개발에 필요한 교육과정 개발과 운영

▓ 1. 세계를 무대로 최상의 물류 서비스를……

'세계를 무대로 최상의 물류서비스를……'이라는 기업이념 아래 차별화된 전략으로 성장을 거듭해 온 세방은 종합물류 기업으로서의 위상을 탄탄히 다지고 있다. 현재 세방은 한진, 대한통운과 함께 국내 3대 물류 회사로 평가받고 있다.

세방은 이의순 회장에 의해서 1965년 9월에 설립됐다. 컨테이너 운송, 하역, 보관 등의 분야를 주력 사업으로 하고 있으며, 직원은 1,000여 명 정도이다. 전국적으로 14개의 지점소를 두고 있으며, 부산지사가 제일 큰 규모를 유지하고 있다. 부산은 대한민국의 물류 1번지이기 때문에 세방의 본사 사옥은 서울에 위치하고 있지만, 실질적으로는 부산지사가 본사 역할을 하고 있어서 부산지사가 본사로 등록되어 있다.

현재 세방은 부산, 광양에는 컨테이너 터미널을 가지고 있으며, 동쪽에서 시작해 서쪽까지 울산, 포항, 부산, 마산, 삼천포, 목포, 광양, 군산, 인천, 의왕, 전주 등 항구와 물류기지가 있는 곳이라면 대한민국 어디에서나 세방의 시설과 설비를 찾아볼 수 있다. 세방은 KOSPI 상장기업으로 로케트밧데리, 세방하이테크 등을 포함한 13개 계열사를 갖추고 있다.

1965년부터 국가 기간산업의 한 축을 담당하고 있다는 책임감으로 오늘날까지 이른 세방은 무엇보다 기술력 향상에 힘써 왔으며, 그 성과로 국가 물류산업 분야에서는 최고의 기술력을 인정받고 있다. 국가 기간산업으로서 세방의 성장은 곧 국가의 경제 성장을 의미하기 때문에 현재의 성장에 대해서 세방인들은 큰 자부심을 가지고 있기도 하다.

▶ 2. 세방의 차별화된 경쟁력

무한한 가능성과 도전으로 21세기가 시작됐고, 경쟁은 국경과 업종을 초월해서 더욱 치열해지고 있다. 글로벌화로 인한 거대 시장의 형성과 치열한 경쟁은 어느 기업이나 맞닥뜨리고 있는 냉정한 현실이면서 이겨내야 할 당면 과제이기도 하다. 이러한 상황에서 남들과 다른, 차별화된 경쟁력을 키우는 것은 기업의 성패를 좌우할 만큼 중요한 요소가 되어 있다.

이에 세방은 차별화된 전략으로 경쟁력을 갖추고 있다.

세방은 종합 물류 회사를 지향하면서 동종 업계와는 다른 행보를 해 왔다. 소형 물류 위주인 택배 분야에 진출하지 않은 것이다. 택배 분야는 한진이나, 동부 등의 물류 업체에서 이미 시장을 선점하고 있었다.

거기에 대기업뿐만 아니라 소형 업체에 이르기까지 여러 업체가 택배 분야에 뛰어들어서 난립할 정도였다. 택배 분야는 많은 자본이나 시설 없이도 사업을 운영할 수 있었기 때문이다.

이때 세방은 다른 생각을 한다. 많은 자본이나 시설 없이도 운영하는 것이 단기적으로는 이익이 될지 모르나, 장기적으로 특화된 경쟁력을 갖추기 어렵다고 판단한 것이다. 또한 그 경쟁력을 갖추기 위해서 난립한 업체들과 경쟁을 해야 하는데, 이에 소비되는 비용 또한 만만치 않을 것이라 판단했다.

어느 정도의 출혈을 감수하고 뛰어들기에 택배 시장은 이미 포화상태에 이르렀다고 판단한 세방은 동종업계의 움직임과는 달리 한 분야를 특성화시킨다. 이 분야가 바로 중량물 운송 분야로 세부적으로 플랜트사업, 다리교각 등과 같은 초중량물 운송 등을 들 수 있다.

세방은 자신들만의 특성화 분야에만 집중하여 경쟁력을 가지는 것이 더욱 중요하다고 생각한 것이다. 따라서 세방은 누구나 할 수 있는 소형 물류보다는 높은 경쟁력을 보유할 수 있는 중량물 물류 분야를 육성해 오고 있다.

중량물 물류 자체는 장치사업이다. 많은 시설과 장비를 갖춰야 사업을 원활하게 할 수 있는데, 세방은 이러한 요건을 완벽하게 갖춰 나간다. 현재 전국 주요 항구에 설치한 컨테이너 관련 시설 및 장치 등은 세방이 물류 사업을 펼치는 데 있어서 완벽할 정도로 완전한 체계를 구축해 놓고 있는 상태이다.

세방이 갖고 있는 물류의 특징은 시작과 끝을 모두 포괄하는 시스템 구조라는 점이다. 예를 들어 A라는 회사에서 B라는 제품을 수입한다고 가정하면, 외국에서 배가 들어와서 항구에 도착하면서부터 세방의 업무가 시작된다. A기업이 B제품을 배에서 내리는 것부터 창고에 보관하는 업무, 공장으로 운송하는 업무 등을 세방에서 일괄 처리해서 A업체는 수입한 B제품을 받아볼 수 있게 만드는 것이다.

이것이 바로 세방이 추구하는 토털 물류 시스템이다. 세방은 전국 주요 항만과 도시에 7개의 대규모 컨테이너 야적장(CY: Container Yard) 및 4개의 철도 컨테이너 기지(Container Depot), 전천후 작업 시설을 갖춘 5개의 보세장치장(CFS: CONTAINER FREIGHT STATION)*을 보유·운영하고 있는데, 하역 및 운송을 연계한 일괄운송체계가 구축한 것이다.

수출입 컨테이너 화물 및 기타 벌크 화물에 이르기까지 화물의 안전한 보관을 책임지는 보세장치장은 세방만의 경험과 기술로 고객 만족을 위한 시스템이라고 할 수 있다. 이러한 경쟁력을 바탕으로 세방은 연간 백만 TEU** 이상의 각종 컨테이너를 처리하고 있다.

세방은 LME(London Metal Exchange)에서 강점을 보이고 있다. LME는 런던 비철금속 거래소의 약자로 전 세계 비철금속의 선물, 현물 거래 및 보관 업무를 담당하는 곳이다.

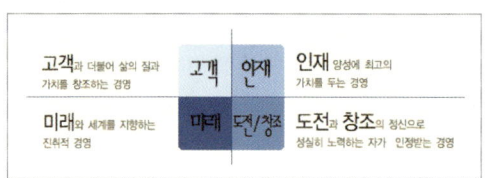

세방은 LME 지정창고를 운영하는 세계 최대 회사인 Henry Bath & Son사와의 전략적인 제휴를 통해 2002년부터 현재까지 동양 최대의 LME 지정창고를 운영 중에 있다. 이는 조달청에 다량의 물량 공급을 수행하는 것으로 이어져 국가 기반산업의 한몫을 충분히 하고 있다는 평가를 받고 있으며, 직원들도 큰 자부심을 가지고 있다.

세방은 이렇듯 종합물류를 지향하면서도 사업의 무분별한 다각

---

* CFS(CONTAINER FREIGHT STATION)는 한 컨테이너가 안 되는 화물을 한 컨테이너에 집화하여 작업하는 장치장으로 일반적으로 CY 내에 있으며 영업용 CY도 같은 역할을 하게 된다.
** 1TEU(Twenty-foot Equivalent Units)는 길이 20피트, 높이 8피트, 폭 8피트의 컨테이너 1개를 말한다.

화를 펼치기보다는 특화된 분야의 경쟁력을 키우기 위한 경영 전략을 적극적으로 펼치고 있다. B2B* 물류의 선두 주자로서 고객의 입장에서 최대한의 서비스를 제공하기 위해 아낌없는 투자와 노력을 기울이고자 하는 것이 세방의 최대 경영전략인 것이다.

세방은 경영전략을 세부적으로 네 가지를 내세우고 있다. 고객과 더불어 삶과 가치를 창조하는 경영, 인재 양성에 최고의 가치를 두는 경영, 도전과 창조의 정신으로 성실히 노력하는 자가 인정받는 경영, 미래와 세계를 지향하는 진취적인 경영이 그것이다. 고객만족의 경영을 위해서는 최고의 자질을 갖춘 인재가 필요하고, 그러한 인재가 인정받을 때 고객과 함께 기업도 성장한다는 그림을 그리고 있다.

세방의 경영전략에서 보듯, 세방은 인재 양성에 큰 관심을 가지고 있다. 기업 간의 경쟁은 결국 회사가 확보한 인재의 질에서 승부가 난다는 인식을 일찌감치 한 것이다. 이와 같은 인식으로 동종 업계에서 하지 않았던 직원 교육을 발 빠르게 실행해 왔다.

때마침 글로벌화로 물류시장의 확대가 부각됨에 따라 대학 및 대학원에 물류학과 과정이 신설되는 등 사회적으로도 물류에 대한 중요성이 부각되는 시점이었다. 하지만 물류시장에서 전문성을 갖춘 인재들을 구하는 일이라는 게 여전히 쉽지 않은 일이었다. 이에 세방은 꾸준한 직원 교육을 통해서 세방만의 우수한 인재를 자체적으로 양성해 내고 있다.

---

* B2B(Business to Business): 기업이 기업을 대상으로 각종 서비스나 물품을 판매하는 방식의 전자상거래.

﹥ 3. 세방만의 물류 전문가

이처럼 세방은 모든 직원들을 물류 전문가로 만든다는 경영전략을 가지고 있다. 어떤 고객사를 만나더라도 질문에 전문적인 대답을 할 수 있는 직원을 양성하는 것이 세방이 교육을 하고자 하는 목표였다.

해당 분야의 전문가만이 기업의 글로벌 경쟁력을 제고시킬 수 있고, 기업의 미래 성장을 보장한다는 인식 아래 세방은 직원들의 체질을 바꾸는 일부터 우선적으로 시작했다. 대학에서 공부하는 학생들과는 달리 직원들은 업무와 함께 교육을 동시에 수행해야 하기 때문에 직원들은 교육이라는 걸 귀찮은, 괜한 수고라고 여기고 있었다.

회사의 방침이니 어쩔 수 없이 따른다는 수동적인 자세에서 능동적인 자세로 변화시키기 위해서는 교육 프로그램 자체가 특화되어야 했다. 즉 직원들이 꼭 필요하다고 몸으로, 마음으로 느낄 수 있는 교육 프로그램이 필요했던 것이다.

이에 세방은 이러닝(e-Learning)과 함께 초청교육 등의 방법을 택하게 된다. 이러닝을 통해서 직원들의 구미에 맞는 다양한 교육 프로그램을 제공하는 동시에 업무에 큰 지장을 받지 않도록 시간을 합리적으로 활용할 수 있게 한 것이다.

또한 이러닝으로도 부족한 부분은 강사를 직접 초빙해서 직원들의 교육 욕구를 부추기기도 하였다. 학창 시절에 겪었듯이 마지못해서 응했던 획일적인 교육 프로그램이 아니라 다양한 교육 프로그램의 제공은 직원들의 의식도 변하게 하였다. 교육을 통해서 업무에 직접적으로 활용함으로써 더 효율적이라는 것을 몸으로 깨달은 것이다. 더 나아가서 자신의 분야에 대해서만큼은 전문가다운 식견을 갖춤으로써 직원들은 성취감까지 얻을 수 있게 되었다.

세방에서 이루어지는 교육은 이처럼 여러 형태로 진행되기 때문에 이를 체계적으로 관리하는 것도 쉬운 일이 아니다. 뿐만 아니라 커리큘럼의 변화와 관련 전문가의 섭외와 같은 업무도 진행해야 하기 때문에 교육과 관련된 조직이 커질 수밖에 없다. 따라서 교육 분야에 투입되는 인력을 최소화하고, 보다 전문적이고 다양한 교육을 실시하기 위해서, 중간관리자의 제안으로 교육 분야를 아웃소싱하게 된다.

세방의 교육은 대부분 아웃소싱으로 진행되고 있다. 아웃소싱 업체는 '메소코리아'로 기업 인재 육성, 교육과정 설계 및 운영을 전문으로 하는 업체이다. '메소코리아'의 교육 종류에는 계층별 교육, 전문직무역량교육 등이 있다. 현재 학점이수제를 실시하고 있는데 (10학점), 기본적인 교육시스템은 신입사원 교육, 직급별 교육, 승진자 교육, 직무에 맞는 직무전문교육, 외부 물류전문가 과정 등 다양한 방식으로 진행되고 있으며, 주요 교육 형태인 온라인 교육은 어학, 직무(CAD 등), 독서통신교육 등이 있다.

현재 세방에는 한 명의 교육 관련 담당자가 배치되어 있고, 이 직원이 모든 교육 관련 업무를 담당하고 있다. 한 명의 직원을 가지고 다양한 교육을 실시하고 있는 셈인데, 결과적으로는 직원교육에 드는 조직의 경량화와 함께 매출증대에도 역할을 하고 있다.

아웃소싱으로 인한 교육을 실시하던 초기에는 앞서 얘기했던 것처럼 직원들의 호응이 절대적으로 부족했다. 하지만 업무의 효율성이 높아지는 것을 몸으로 체감하면서 직원들의 반응은 좋아지기 시작했다. 또한 기업매출의 증대와 같은 효과도 눈으로 확인할 수 있었다.

이는 직원 개인의 성취감과 더불어 성장하는 기업의 일원으로서의 높은 자부심까지 갖도록 했다. 이제는 교육 프로그램에 대한 관심이 높아져서 직원들이 다투어 프로그램을 추천할 정도이며, 전체 직원 1,000명 중 매년 600~650여 명 정도가 참여할 정도로 활성화돼 있다.

아웃소싱 공급업체는 경쟁 입찰을 통해서 계약하고 있다. 여러 공급업체들이 제안서를 제출하게 되고, 이를 바탕으로 공급업체를 선정하게 된다. 제공된 공급업체들의 제안서들은 교육 프로그램에 대한 정보를 얻는 데에 활용되기도 한다. 현재 아웃소싱 계약 기간은 1년 단위로 이루어지고 있으며, 연간 5억~6억 원 정도를 교육 관련 아웃소싱 비용으로 지출하고 있다.

공급업체가 세방에 상주하는 시스템은 아니지만, 공급업체의 담당직원이 교육을 전적으로 맡아서 진행하고 있다. 현재 세방은 '메소코리아' 외에도 온라인 교육과 오프라인교육 프로그램의 특성에 맞게 아웃소싱 공급업체를 따로 선정하고 있다.

공급업체를 선정하는 기준은 1순위가 프로그램(콘텐츠)의 질이며, 2순위는 업체의 경험, 3순위는 업체의 규모이다. 비용적인 측면은 크게 고려하고 있지 않고 있는데, 이는 교육 관련 아웃소싱의 경우 공급가격의 수준은 대부분 비슷하기 때문이기도 하지만, 직원 교육에 대해서는 투자라고 생각하는 세방의 의지가 작용해서이다.

세방은 교육 프로그램이 우수한, 안정적인 업체라면 비용이 조금 더 들더라도 우선 협상자로 선정하고 있다.

프로그램의 평가는 전적으로 교육을 받은 직원들에 의해서 이루어진다. 직원들의 냉정한 평가는 공급업체한테 전달돼서 프로그램의 질을 향상하는 데에 활용하고 있다. 만약 평가가 좋지 않을 경우에는 아웃소싱 공급업체를 교체할 것이며, 이는 차후 공급업체를 선정하는 주요 기준이 되기도 한다.

교육을 듣는 직원들의 평가는 과정이 끝날 때마다 시험을 통해 이루어지게 되고, 이는 인사고과에 반영된다. 교육과정의 시작부터 시험 및 학점평가까지가 아웃소싱 공급업체에서 하는 주요 업무라고 할 수 있다. 만약 세방의 직원이 교육 프로그램을 제대로 이수하지 못했을 때에는 회사에서 지원한 수강료를 직접 납부하게 하는 페널티를 주고 있다. 일단 신청한 교육 프로그램에 대해서는 흐지부지하지 말고 최선을 다하라는 의미이기도 하다.

⁝⁝⁝ 4. 도전과 창조의 정신으로

세방은 인재 양성을 위한 교육 시스템을 통해서 업무의 효율성을 극대화시킬 수 있었다. 이를 통한 이익은 고스란히 회사로 돌아와서 더 큰 성장을 위한 발판이 되고 있다. 직원의 업무능력이 향상되면 회사는 향상된 업무능력만큼 업무상의 이익을 볼 수밖에 없기 때문이다. 만약에 직원들이 교육 없이 반복적인 업무에만 종사하게 된다면 전체적인 업무 향상을 기대하는 건 어려워진다.

　반복적인 업무에 길들여져서 현재의 위치를 유지하려고만 할 뿐, 더 나은 방향으로 개선시킬 생각은 하지 않기 때문이다. 이럴 때 업무량이 늘어나게 되면 늘어난 업무량만큼 인력을 추가적으로 투입할 수밖에 없게 된다. 그러나 교육을 통한 업무능력 향상으로 늘어난 업무량을 추가 인력 없이 해결할 수 있다면, 이것은 실질적으로 인력 감소 효과를 내는 것이다.

　즉 인건비 절감을 위해서 중국 등으로 이주하는 업체들까지 있는 마당인데, 직원 교육이라는 작은 투자를 통해서 인건비 절감 효과를 내고 있는 것이다. 게다가 직원의 전문성과 정보력 확보 등을 감안하면 직원 교육에 투자한 비용보다 월등한 성과를 얻고 있는 셈이다.

　아웃소싱에 대한 만족도가 경영진은 90점 정도, 직원은 85점 정도로 나타나고 있는데, 직원 교육을 시작하면서 세방의 성장세가 두드러졌기 때문에 경영자의 만족도가 조금 더 높게 나타나고 있다.

　세방의 아웃소싱이 성공하게 된 것은 담당직원이 타 업체를 포함한 외부의 교육현장을 많이 찾아다니면서 좋은 점은 벤치마킹을 해왔고, 최근까지도 현재의 교육 트렌드를 바로바로 교육 프로그램에 반영을 해 왔기 때문이다. 하지만 이 일이 그리 쉬운 것은 아니었다.

　동종업계에서는 물류와 관련된 전문교육을 실시하는 곳이 전혀 없었기 때문이다. 오히려 세방의 직원 교육 시스템을 동종업계에서 벤치마킹을 해 가고 있는 실정이었다. 때문에 동종업종이 아니더라도 다른 산업이나 업종의 교육 현장 등을 일일이 찾아다니는 수고스러움을 해야 했다. 그렇게 해서 발굴된 우수한 교육 트렌드 등은 바로 반영해 왔기 때문에 매년 성공적인 교육을 실시하고 있다는 평가를 받고 있다.

세방만의 시스템으로 육성된 인재들은 도전과 창조의 정신으로 고객과 더불어 삶의 질과 가치를 창조하고 있다. 이러한 노력은 진취적인 미래와 세계에 대한 세방의 약속이기도 하다.

▶ 5. 보다 나은 아웃소싱을 위한 조언

세방의 전체 매출액에서 아웃소싱이 차지하는 비중은 30%되고 있으며, 앞으로도 아웃소싱 분야는 점차 확대할 예정이다. 내부적으로 장비, 용지, 창고 등 하드웨어적인 것은 갖춰져 있고, 이를 운영하는 관리직 및 인력에 대해서는 아웃소싱을 하는 것이 직원이나 회사 입장에서 더욱 효과적이라 생각하고 있다.

현재 세방은 온·오프라인 교육의 아웃소싱을 각기 다른 업체한테 맡기고 있는데, 이를 한 업체에서 수행했다면 교육효과와 공급업체와의 업무 효율성은 더 높아졌을 것이다. 앞으로 시정돼야 될 부분이라 판단하고 있으며, 이에 대한 업체들을 여러 방면으로 알아보고 있기도 하다.

하지만 세방이 독자적으로 알아보는 데에는 한계가 있다. 만약에 교육 분야뿐만이 아니라 전 분야에 걸쳐서 아웃소싱 공급업체들에 대한 공인된 검색 시스템이 마련되어 있다면, 이를 유용하게 활용할 수 있을 것이다. 이것은 아웃소싱을 활성화시키는 좋은 방편이기도 하다.

현재 우리나라에는 인하대, 인천대, 중앙대에서만 물류학 과정이 있어서 인력 수급 면에서 어려움을 겪고 있다.

여러 교육 관련 아웃소싱 공급업체와 전문 기관에서 물류 관련 교육을 실시하고 있지만 아직까지는 양적으로나 질적으로 부족한 상태이다. 이것은 세방만의 힘으로 개선되기는 힘들다. 이러한 현실을 감안하여 정부에서는 과감한 지원을 해야 한다. 현시점이 교육 전문기업을 육성하기 위한 다각적인 지원을 해야 할 때인 것이다.

아웃소싱 공급업체의 의견

[아웃소싱 성과]

메소코리아는 (주)세방이 원하는 과정을 신속히 개발하고 신간 교재로 Update 하여 학습자의 다양한 학습 Needs를 충족시키기 위해 노력하고 내부 담당자를 별도로 배정해 철저한 학습자 관리제를 시행하여 철저한 교육운영 관리를 실현하였음

(주)세방에서 요구한 과정을 교육과정에 적절하게 첨가함으로써 물류관리, SCM 등 타 교육업체에서 시도하지 못한 전문 교육을 실시하여 교육자들의 역량을 높일 수 있도록 노력하였음

[아웃소싱 활성화를 위한 기업적 / 정책적 기대사항]

공급기업은 신속한 교육과정 개발 및 지속적인 교재 Update를 통해 고객이 필요로 하는 과정을 개발해야 하며, 정부는 매년 기관평가를 통한 등급 결정으로 역량이 부족한 기업의 영업 활동을 제약하여 과다출혈 경쟁이 일어나는 일을 사전에 방지해야 할 것임

단, 평가기준에 대해 보다 명확하고 객관화하여 기업들이 수긍할 수 있도록 해야 함

[회사 소개]

메소코리아는 우편원격훈련과 컨설팅/사내교육, 출판/문화콘텐츠를 활용한 다차원적인 기업 종사자 교육을 통하여 전문성을 확대시키기 위한 체계를 구축하고 있으며 기업이 원하는 분야, 특히 물류나 SCM 등과 같이 정규대학교육과정에서도 체계적으로 구축하지 못한 교육 분야에 대해 기업이 원하는 수준으로 제공하기 위한 준비가 갖춰진 교육 전문 기업

지식서비스
아웃소싱

아웃소싱의 기본 조건, 2.
나이키 정신을 이해하고 있는가

:: 나이키 코리아와 Afo Communications

1. 'Just do it', 꿈이 없으면 도전은 불가능하다

2. 스포츠 즐기기와 마케팅

3. 아웃소싱 업체 기본 조건

4. Outsourcing, 내부 인력의 기획력을 통한 경쟁력 강화

5. Outsourcing, 합리적이고 효율적인 방안

구분	발주사	공급업체
업체명	나이키 코리아	Afo Communications
주요 업종	의류, 제조, 유통	영상커뮤니케이션 서비스 제공
대표명	팀 시린	김우경
주소	서울특별시 강남구 역삼1동 737번지	서울시 중구 장충동 2가 188-7 평안빌딩 4층
홈페이지	www.nike.co.kr	www.afo.co.kr
요약		홍보마케팅과 관련한 동영상 촬영, 편집 등 영상콘텐츠를 제작하고, 뉴스 VNR 제작과 관련한 촬영, 편집 등 영상물 제작

▓ 1. 'Just do it', 꿈이 없으면 도전은 불가능하다

나이키는 대학 육상선수였던 필 나이트(Phil Knight)와 육상코치 빌 바우어만(Bill Bowerman)의 만남에서 시작됐다. 직접 트랙을 달렸고, 선수들을 조련했던 공동창업자 필 나이트와 빌 바우어만의 경험은 제품을 만드는 데에 있어서 최우선 순위를 선수들의 경기력 향상에 두도록 했다. 기록을 깨고자 도전하는 선수들의 열망을 누구보다도 잘 알고 있었기 때문이다.

이는 고스란히 나이키의 정신이 된다. 'Just do it!', 나이키는 일단 한번 해 보라는 도발적인 멘트로, 모든 변명을 집어치우고 용기 있는 실천을 할 것을 당당히 요구한다. 위대한 기록, 위대한 승리를 위해 도전하라! 이것은 선수들만의 도전이 아니라 나이키의 도전이기도 하다. 승리를 위한 최적의 제품을 만들어 내야 하기 때문이다.

나이키는 여전히 도전하고 있다. 위대한 기록, 위대한 승리는 달성되는 순간, 그 순간은 과거가 되어 위대한 역사로 남으면서도 새로운 기록, 새로운 승리라는 새로운 과제를 주기 때문이다.

'Just do it'은, 그래서 나이키의 역사이자 현재이면서도 미래이다.

나이키의 도전정신은 1986년 한국에 상륙한다. (주)한국나이키를 설립하면서 미국 본사의 기술도입과 합작투자가 이루어졌다. 이후 나이키 본사의 글로벌 정책에 따라 1994년 6월 (주)나이키스포츠로 변신한다. 1998년부터는 스포츠 시계와 선글라스, 야구용품 등의 장비 사업 등으로 확대했으며, 2002년 6월에는 골프제품 전문성 강화를 위해 '나이키골프코리아'를 독립시킨다.

현재 (주)나이키스포츠는 260여 명의 인원이 근무하고 있으며, 2007년 기준으로 3,300억 원의 매출을 올리고 있다. 설립 초기에는 단순히 제품 공급에만 머물렀으나, 스포츠용품 생산(연구개발 포함), 유통, 마케팅, 스포츠 관련 행사 개최 및 스폰서 등으로 국내 스포츠산업 발전을 위해서 다양한 분야로까지 사업영역을 확장했다.

이러한 사업영역 확대를 바탕으로 (주)나이키스포츠는 매년 30퍼센트에 달하는 급속한 매출성장을 이루어 냈으며, 동시에 국내 업계 1위 자리도 굳건히 지키고 있다. 또한 적극적인 마케팅 활동으로 한국생산성본부, 한국능률협회의 조사에서 고객만족도와 브랜드 파워 부문에서 1위를 차지하는 등 브랜드 위상에서도 최고의 자리를 달리고 있다.

⁂ 2. 스포츠 즐기기와 마케팅

스포츠를 제대로 하기 위해서 시간과 공간, 그리고 장비는 필수적이다.

예전 1980년대에는 TV로 지켜보던 김봉연의 홈런과 박철순의 피칭은 매력적이었다. 당시엔 프로야구단 어린이회원에 가입하는 게 유행일 정도로 그 인기도 폭발적이었다. 그래서 동네 꼬마들이 모이면 다들 김봉연 흉내를 냈고, 박철순 흉내를 냈다.

하지만 그 장비라는 게 보잘것없어서 테니스공을 주먹으로 쳐대거나 벽을 포수 삼아 던지는 게 고작이었다. 또 도시에선 장소 또한 마땅치 않아서 골목에서 야구를 하거나 축구를 하다가 유리창을 깬 일도 부지기수였고, 해가 지면 보이지도 않는 공을 잡으려다 눈에 맞아 시퍼렇게 멍이 들기도 했다. 당시에 먹고살기 바빴던 어른들이야 오죽했으랴. 그 당시 스포츠는 땀을 흘려가며 몸으로 느끼는 것이라기보다는 경기장 관람석에 앉아서 혹은 TV를 통해서 좋아하는 팀을 응원하는, 일종의 관람 문화였다.

관람 형태였던 우리나라의 스포츠는 경제성장과 더불어 바뀌게 된다. 스탠드에 앉아서 단순히 경기를 관람하고, 맥주를 마시면서 TV로 중계만 보던 많은 사람들이 운동장으로 나오고, 체육관을 찾고, 공원을 가로지르며 달리게 됐다. 많은 사람들이 엘리트체육이 아닌 생활체육을 얘기하기 시작했다. 장비를 갖춰서 할 공간을 찾고, 시간을 내서 스포츠를 몸으로 즐기고자 한 것이다.

이러한 분위기에서 1988년에 시작한 나이키의 'Just do it' 캠페인은 큰 반향을 일으켰다. 물론 그 반향은 우리나라뿐만이 아니었다. 'Just do it' 캠페인은 나이키를 세계적인 스포츠브랜드로 만드는 데 큰 역할을 했다.

어떤 핑계나 변명을 대지 말고 용기 있게 실천하라는 메시지는 비단 스포츠정신으로 무장한 직업선수들한테만 해당되는 것이 아니었다. 보통 사람 개개인도 땀을 흘리면서 스포츠를 즐길 권리를 누리라는 강력한 메시지였다. 마이클 조던이 경기력 향상을 위해 신던 농구화를 이제 일반 사람들도 신고서 농구코트를 누비게 된 것이다.

나이키는 현재도 마케팅 전략으로 유명 스포츠스타를 적극 활용한다. 르브론 제임스, 타이거 우즈, 웨인 루니, 크리스티아노 호나우도 등에서부터 우리나라의 박찬호, 박지성, 김연아까지 각국의 최고의 스타들을 망라하고 있다.

나이키는 유명 스포츠스타들을 광고모델로만 활용하지 않는다. 스포츠스타의 활동을 지원하면서 나이키를 자연스럽게 노출시킨다. 2000년도에 메이저리그에서 18승 10패의 성적을 거둔 박찬호가 한국에서 유소년 야구교실을 연다고 했을 때 언론의 취재경쟁은 불을 보듯 뻔한 것이었다.

나이키 모자와 유니폼을 입은 박찬호는 대대적으로 방송과 신문에 노출됐다. 박찬호를 통해서 한국 유소년야구의 활성화와 야구 저변의 확대는 궁극적으로 나이키의 목표이기도 했기에 가능한 행사였다.

지난 8월 31일에 있었던 '나이키＋휴먼레이스' 행사 역시 같은 맥락에서 이해할 수 있다. 서울, 상하이, 이스탄불, 파리, 마드리드, 런던, LA, 뉴욕, 상파울로 등 전 세계 4개 대륙 25개 도시에서 10 km 러닝과 콘서트를 접목시킨 젊음의 축제였는데, 스포츠 저변의 확대와 발전에 기여한다는 긍정적 이미지와 함께 잠재적 고객을 확보하는 기회이기도 했다.

또한 '나이키 + 휴먼레이스(Nike + Human Race)' 행사는 참가자들이 여의도와 한강을 잇는 서강대교, 마포대교 일대를 붉은색 행렬로 장관을 연출하면서 언론을 장식하기도 했다. 이 행사에서 눈여겨볼 점은 기존의 방식과 다른 마케팅을 시도했다는 점이다. 행사의 모든 과정을 인터넷을 통한 생중계 방식을 선택했는데, 접속자 수가 30만 명에 이를 정도로 큰 호응을 이끌어 냈다.

이 프로젝트는 (주)나이키스포츠 단독으로는 불가능한 일이었다. 미국 본사의 경우엔 자체 방송국 시스템까지 갖추고 있으나, 국내에서는 여건상 힘든 일이었다. 전문성을 갖춘 인력을 비롯해서 장비와 설비 확보 문제도 만만치 않을뿐더러 비정기적으로 있는 홍보영상을 위해 설비와 장비, 인력을 확보해 놓는다는 것 자체가 비용이나 효율성 면에서 합리적인 방법이 아니었다.

이에 나이키는 전문 인력 수급의 용이함, 인력운용의 자율성 확보 차원에서 아웃소싱을 선택한다. (주)나이키코리아와 함께 홍보영상촬영을 제작하는 업체는 'Afo Communications'이다. 'Afo Communications'은 전문 동영상 촬영 및 편집회사로 공중파 방송사의 뉴스 및 다큐멘터리 제작 인력이 주축이 되어 설립한 업체이다. '나이키 + 휴먼레이스'와 같은 행사에서는 행사 진행 후에 'Afo Communications'의 풍부한 경험 덕분으로 공중파 방송사의 뉴스에

그냥 내보내도 될 정도로 깔끔하게 편집된 영상물을 언론사에 제공할 수 있었다.

나이키의 홍보영상은 독창적이고 감각적인 것으로 유명하다. 어느누가 봐도 참 색다르다는 말이 절로 나온다. 대개의 광고들처럼 단지 소비자들의 취향이나 시대의 유행을 반영하는 것에만 그치는 것이 아니라 소비자들의 취향과 시대의 유행을 선도하기 때문일 것이다.

한국에서 제작되는 대개의 홍보영상물들은 (주)나이키스포츠가 후원하는 선수와 팀의 활약상이나 유소년축구대회, 길거리농구대회와 같은 행사 장면과 그 뒷모습 등이다. 이러한 영상물들은 '나이키+휴먼레이스'와 마찬가지로 아웃소싱 업체에서 전담한다. 인터넷을 통한 공개는 CF 촬영장 뒷모습과 NG 컷 등이 TV용 CF와 함께 이루어지는데, 이는 마케팅 차원에서 좋은 시너지 효과를 내고 있다. 이처럼 인터넷 홍보영상물이 마케팅 차원에서 중요해진 만큼 업체 선정에 있어서도 더 신중해질 수밖에 없다.

🎯 3. 아웃소싱 업체 기본 조건

홍보영상 프로젝트는 비정기적이기 때문에 제작 편수는 그때그때 상황에 따라 달라진다. 예를 들어 올림픽이나 월드컵 같은 국제적인 대형 이벤트가 있다면 홍보영상물은 더 많아질 수밖에 없다. 홍보영상물의 제작은 전적으로 (주)나이키스포츠의 판단에 따라 결정된다. 이것은 나이키의 마케팅 전략과 다른 과도한 홍보영상물의 범람을 막으면서 적재적소에 홍보영상물을 배치하는 것을 의미하기도 한다. 이번 베이징올림픽에서 국가대표 팀이 금메달을 땄을 때, 그 감동을 고스란히 느끼게 한 나이키의 홍보영상물이 적절한 예일 것이다. 열악한 환경에서도 진정한 노력을 통해서 도전했다는 내용의 홍보영상물은 지금도 많은 조회 수를 기록하고 있다.

아웃소싱 업체의 선정은 (주)나이키스포츠 홍보영상물 담당직원의 기획에서부터 출발한다. 창의적인 아이디어라는 평가가 나와야지만 프로젝트로서 실행될 수 있다. 이러한 과정을 거친 뒤에 담당직원은 영상물 공급업체들에 대한 시장조사를 한다.

이 시장조사를 토대로 몇몇 업체에게 프로젝트를 의뢰하는데, 스포츠브랜드로서의 나이키에 대한 높은 인지도 때문에 때로는 공급업체들의 경쟁을 부추기기도 한다. 나이키와의 작업은 공급업체들에게 있어서도 사업적으로 큰 홍보수단이 되기 때문이다. (주)나이키스포츠는 여러 업체들의 제안서를 보고서 해당 프로젝트에 대한 적절한 업체를 선정하고 있다.

아웃소싱 업체의 선정에 있어서 기본적으로는 전문성과 회사의 실적 등을 중요하게 살펴보기도 하지만, 가장 중요한 조건은 역시 나이키의 'Just do it' 정신을 얼마나 이해하고 있느냐는 것이다. 나이키의 도전 정신이 빠진 홍보영상은 이미 나이키 홍보영상이 아니기 때문이다. 위대한 기록, 위대한 승리, 꿈에 대한 갈망과 도전, 그리고 도전함에 있어서 어떠한 변명도 하지 않고 용감하게 행하라는 것은 나이키의 강력한 메시지이자 마케팅이다.

선정된 공급업체라도 워크숍과 오리엔테이션 등을 통해서 또 한 번 나이키 정신을 강조하고 있다. 생각해서 나오는 나이키 정신이 아니라 몸에 배서 나오는 나이키 정신이어야 하며, 공급업체를 못 믿는 것이 아니라 보다 '나이키'다운, 'Just do it'다운 최고의 홍보영상물을 만들기 위해서이다.

'Afo Communications'은 이 점에서 상당히 나이키의 정신을 잘 이해하고 있다고 해도 과언이 아니다. 이러한 이유 때문에 4년이라는 기간 동안 나이키와 함께 홍보영상물을 작업한 것이다.

최고의 홍보영상물을 만들기 위한 노력은 공급업체의 계약을 프로젝트별로 하고 있다는 데에서도 찾을 수 있다. 이것은 프로젝트마다 각각의 특성이 있고, 그 특성에 가장 부합되고 창의적인 아이디어를 발굴하기 위한 방편이다. 이렇게 함으로써 홍보영상물을 공급하는 업체는 창의적으로 나이키 정신을 보여줘야 한다는 의무를 무조건 지게 된다.

같은 이유로 아웃소싱 업체는 (주)나이키스포츠의 홍보영상물을 제작하는 동안 다른 경쟁기업의 아웃소싱은 받지 않는 것을 원칙으로 하고 있으며 계약서상에서도 이를 분명하게 명시하고 있다. 영상물의 질적 저하를 막는 차원도 있지만, 영상물에 대한 보안상의 문제 때문이다. 위에서 언급한 야구국가대표팀의 경우처럼 언제 영상물을 노출시킬 것인가도 중요한 전략 중의 하나인데 이를 다른 스포츠업체에서 먼저 활용하게 되면 자연히 홍보 효과는 떨어질 수밖에 없다.

이러한 일련의 제작과정을 통한 영상물 공급업체와의 관계는 단순히 하청을 주고받는 관계 이상의 의미를 지니고 있다. 공급업체의 나이키 정신에 대한 열의를 지속적으로 자극함으로써 공급업체는 (주)나이키코리아의 일부로서 느끼게 되고, 나이키라는 스포츠 브랜드에 대한 무한한 자긍심과 함께 책임감을 갖게 되는 것이다.

만약에 하청을 매개로 엮어진 관계였다면, 지금과 같은 창의적인 홍보영상물은 나오기 힘들었을 것이다. 하청이라는 말에는 수동적인 의미가 담겨 있다. 최초 기획안에 대해서 절대 불변의 설계도인 것이라 생각하고 아무런 고민 없이 그대로 카메라로 담아서 납품하는 것이 바로 하청일 것이다. 영상물은 현장에서 많은 변수가 발생한다.

또한 책상에서가 아니라 현장에서 더 많은 아이디어가 나온다. 따라서 현장에서의 변수와 아이디어를 반영하지 않고서는 창의적일 수가 없다. 나이키에 대한 자긍심과 책임감을 갖고 있는, (주)나이키스포츠의 공급업체들은 최초 기획안의 오류에 대해서는 즉각적으로 반응한다. 이것은 나이키에 대한 자긍심과 책임감이 없으면 안 되는 일이다. (주)나이키스포츠와 아웃소싱 업체는 나이키를 매개로 엮어진 동반자인 것이다.

⁂ 4. Outsourcing, 내부 인력의 기획력을 통한
경쟁력 강화

아웃소싱 방식 중에
기존 직원들을 해고하
고, 해당업무를 통째로
아웃소싱하는 방식이 있
다. 비록 작업의 효율성
이라는 명분이 있더라도
이는 당연히 기존 직원들의 반발을 살 수밖에 없다. 그러나 (주)나
이키스포츠는 기존 직원들에게 홍보영상물에 대한 기획을 맡겨서
직원의 역량 및 전문성을 강화하면서 아웃소싱을 실시했기 때문에
직원들의 반응 역시 우호적일 뿐만 아니라 적극적이다.

자신의 아이디어가 독창적이라는 평가를 받고, 또 그것이 홍보영
상물로 만들어진다면 직원의 애사심은 저절로 커질 수밖에 없다.
특히나 영상물은 두 눈으로 직접 확인할 수 있는 결과물이기 때문
에 직원의 성취감이 클 수밖에 없다.

또한 홍보영상물 촬영현장에서 공급업체와 함께 몸으로 느끼게
하고 있다. 이런 현장 경험은 영상물에 대한 전문성을 높이는 효과
를 가져오게 한다. 담당직원은 영상물을 질적으로 판단할 수 능력
을 갖추게 되고, 그 능력을 바탕으로 더 좋은 기획안을 만들어 내
고 있다.

(주) 나이키스포츠의 홍보영상물은 그 방식이 아웃소싱이긴 하지

만, 내부직원의 창의적인 기획력을 바탕으로 경쟁력을 확보하고 있는 것이다.

▶ 5. Outsourcing, 합리적이고 효율적인 방안

(주)나이키스포츠에서는 홍보영상물에 대한 아웃소싱에 대해서 만족하고 있다. 비용에 대한 절감뿐만이 아니라 내부 직원의 전문성과 역량을 강화해 왔기 때문이다. 또한 공급업체들도 프로젝트에 있어서 적극적인 작업을 하고 있어서 만족이 더 크다고 할 수 있다. (주)나이키스포츠의 좋은 기획과 아웃소싱 공급업체의 전문성이 꾸준한 커뮤니케이션으로 결합하여 홍보영상물을 제작하기 때문에 결과물은 항상 기대 이상이었다.

다만 프로젝트마다 다른 예산, 즉 홍보영상물 제공 사례와 Playing Time마다 상이한 금액이 책정되기 때문에 아웃소싱에 따른 예산절감 효과나 매출 등을 제대로 측정하기 어렵다는 한계를 가지고 있다. 때문에 계량화된 아웃소싱의 성과 관리는 이루어지지 않고 있다.

그러나 (주)나이키스포츠 직원들이 주관적으로 홍보영상물을 평가하고 있으며, 홍보영상물 노출 후에 매장 내 판매율의 분석, 분기별 브랜드 인식도 등을 평가해 오고 있기 때문에 간접적으로 평가할 수 있는 데이터는 확보하고 있는 상태이다. 때로는 이러한 데이터를 아웃소싱 공급업체 재계약 자료로 활용하기도 한다.

(주)나이키스포츠는 스포츠용품 판매로 시작하여 국내에서 가장 높은 매출을 올리고, 가장 높은 브랜드 가치를 지닌 회사로 성장했다. 이는 좋은 품질의 제품이 기여를 한 것은 물론이거니와 여기에 홍보·마케팅도 큰 기여를 했다.

보다 감각적이고 창의적인 것을 바라고 있는 현대인들, 그들의 눈과 귀를 사로잡을 수 있는 영상물의 제작은 필수적이다. '나이키' 다운, 감각적이고 창의적인 영상을 만들기 위해 함께 노력하는 (주)나이키스포츠와 아웃소싱 공급업체의 도전은 앞으로도 더욱 높은 브랜드 가치를 창출해 낼 것이다.

'Just do it!'

아웃소싱 공급업체의 의견

[아웃소싱 성과]

AFO는 우수한 인력과 풍부한 경험을 보유하고 있어 클라이언트의 어떠한 영상 제작 요구에도 즉각적으로 대응할 준비를 갖추고 있으며, 전담제작진을 꾸려 나이키와의 원활한 커뮤니케이션 통로를 만드는 과정을 통해 제작결과물의 안정적인 Tone & Manner를 유지할 수 있었기 때문에 나이키에게 만족감을 줄 수 있었음

나이키에서도 공급업체의 전문성을 인정하고, 우수한 기획과 추진력을 바탕으로 아낌없는 지원을 제공함으로써 서로 간의 성공적인 아웃소싱을 진행할 수 있었음

[아웃소싱 활성화를 위한 기업적/정책적 기대사항]

많은 국내기업들이 아직까지 Creative 비용을 인정하지 않으려는 경향이 큰데, 좋은 아웃소싱 결과물을 위해서는 이러한 수요기업들의 자세 변화가 필요함

방송 프로그램 제작에 관해서는 국가 차원의 제작비지원/시설비지원 등의 정책이 있으나 기업의 영상물을 제공하는 업무에는 이러한 지원이 없는 실정이기 때문에 보다 폭넓은 지원을 통해 영상물제작 프로덕션들이 활성화될 수 있는 계기를 마련해야 할 것으로 판단하고 있음

[회사 소개]

(주)에이포커뮤니케이션은 공중파 방송사의 뉴스 및 다큐멘터리 제작 인력이 주축이 되어 설립한 회사임. 특히 외국 방송사 및 프로덕션을 위한 Production Management 사업은 타 경쟁회사와 차별화된 AFO만의 서비스로 CNA뉴스, DW-TV, PBS, CBS 등 외국 방송사 및 Microsoft, Oracle, Boeing, Shell 등에 다양한 서비스를 제공하고 있음. 또한 제작인력과 시설이 없는 기업을 위해 사내방송팀을 보유하고 있는 것 이상으로 양질의 영상서비스를 제공하고 있음

Asia Beauty Creator를 꿈꾸며 3.

:: 아모레 퍼시픽과 하나엔지니어링

1. 가업으로 시작한 Beauty Creator의 꿈

2. 모든 위기는 고객의 신뢰를 얻을 수 있는 최고의 기회

3. 고객 만족을 위해서라면 누구든 친구가 될 수 있다

4. 아웃소싱은 최선을 향한 경영전략의 일부분

5. 무한한 기회를 제공할 아웃소싱, 미래를 대비하라

구분	발주사
	아모레퍼시픽
업체명	**Asian Beauty Creator** **AMOREPACIFIC**
주요 업종	화장품, 생활용품, 건강식품 제조, 유통, 판매
대표명	서경배
주소	서울 용산구 한강로 2가 181 태평양빌딩
홈페이지	www.amorepacific.co.kr
요약	아모레퍼시픽은 경영전략의 일환으로 아웃소싱업체인 '하나엔지니어링'과의 제휴를 통해 밀폐용 펌프 노즐 용기를 개발함

'아모레퍼시픽'은 연매출 1조 6천억 원의 규모를 자랑하는 한국 최고의 종합화장품 업체이다. 현재 아모레퍼시픽에는 5,531명(해외 및 연구인력 포함)의 종업원들이 종사하고 있으며, '설화수', '헤라', '베리떼', '라네즈' 등의 화장품 브랜드와 함께 헬스, 뷰티 사업 등을 주력사업으로 하고 있다.

국내 화장품 업체들의 대부분이 해외 판매가 부진하거나 아예 실적조차 없는 경우도 많다. 이에 아모레퍼시픽은 몇 년 전부터 해외사업 분야에 야심차게 도전하였다. 2003년부터 그 성과가 나타나기 시작했으며, 현재는 총매출액의 9%를 해외시장이 차지하고 있다. 대표적인 고부가가치 산업인 화장품 산업의 선두 주자답게 영업이익률도 약 20%에 이르고 있으며, 2008년 9월 현재 시가총액 규모가 3조 8천억 원에 이르고 있다.

⁑ 1. 가업으로 시작한 Beauty Creator의 꿈

아모레퍼시픽은 흔히 머릿기름이라고 불리는 동백기름을 만들어 시장에 내다파는 가업에서 시작한다. 설립자 서성환 회장이 가업을 물려받으면서 아모레퍼시픽이 탄생한 것이다. 서 회장은 가업을 기업화하는데, 1945년 9월 5일 서울에 '태평양'이라는 동백기름 제조 및 판매 회사를 설립한다.

설립 후 동백기름 제조판매 회사의 명맥을 유지하던 '태평양'은 1960년대 주력상품인 머릿기름(ABC포마드)으로 일대 전환기를 맞이하게 된다. ABC 포마드는 포마드를 주원료로 하는 헤어 보정용 헤어상품으로서 동백기름으로 대표되던 헤어보정상품시장에서 일대 돌풍을 일으키게 된다. 보다 단단하고 윤기가 흐르는 머릿결을 만들어 주는 ABC포마드는 시장점유율 70% 이상을 차지하면서 회사의 초석으로 다지게 된다. 이후 '아모레(Amore)'라는 브랜드를 세상에 내놓음으로써 종합화장품 회사로 거듭나게 되는데, 아모레라는 브랜드는 선풍적인 인기를 끌게 된다. 이때 아모레의 대성공으로 뜻하지 않은 고민을 하게 되는데, 회사명 '태평양'과 브랜드 '아모레'를 고객들이 혼동해서 서로 다른 회사라고 오해하는 일들이 발생한 것이다. 이에 모회사인 '태평양'은 그대로 두고, 자회사인 아모레퍼시픽을 중심으로 기업을 재편하여 현재에 이르고 있다.

아모레퍼시픽은 '설화수', '헤라', '라네즈' 등의 화장품 브랜드를 필두로 종합화장품 메이커로서의 자리를 공고히 하고 있다. 아모레퍼시픽의 사업 목표는 고객들의 계속적인 변화와 요구에 부합하는 혁신적인 미용·헬스 제품을 생산하는 것이다. 동시에 아시아의 미를 세계인들과 공유하는 것을 추구하고 있다.

▶ 2. 모든 위기는 고객의 신뢰를 얻을 수 있는 최고의기회

현재 화장품시장은 무한 경쟁시대를 맞이하고 있다. 백화점의 화장품 매장에는 헤아릴 수도 없이 많은 브랜드의 화장품이 자리 잡고 있으며, 거리에도 각종 브랜드숍이 속속 들어서고 있다. 마케팅 또한 치열해서 인지도 높은 모델을 서로 섭외해서 각종 매체에서 광고를 하고 있다. 최근에는 여러 저가 브랜드까지 출시되면서 화장품 시장은 점점 과열되어 가고 있다.

실제로 1997년 IMF 시기를 전후로 해서 국내시장 점유율 2위에 있었던 'H사'가 위기의 홍수에서 미처 빠져나오지 못하고 수장되는 결과를 낳기도 했다. 최근 들어서야 LG생활건강 등이 회복세를 보이고 정상 궤도에 진입했지만, 아직까지도 대다수의 국내 업체들은 이탈된 궤도를 수습하는 데에 안간힘을 쓰고 있는 형편이다.

그러나 아모레퍼시픽은 이러한 위기 상황에서 오히려 시장점유율이 35%로 더 올라갔으며, 업계 일등 기업으로 자리 잡게 된다. 특히, 70년대 오일쇼크와 90년대 후반의 IMF를 겪으면서 회사가 더욱 발전하는 '비정상적'인 모습을 보이기도 있다. 현재도 미국발 서브프라임 사태로 세계 경제가 침체된 상황이다. 스태그플레이션 (Stagflation: 경기침체하의 인플레이션) 현상까지 거론되는 현재는 분명 위기의 시기이며, 고난의 시기임에 분명하다. 하지만 아모레퍼시픽은 예전에도 위기를 성장의 기회로 만들었던 것처럼 더욱 발전할 수 있는 기회가 될 것이라며 자신감에 찬 목소리를 내고 있다.

이러한 자신감의 원동력은 과연 무엇일까? 바로 자사에서 생산되는 제품에 대한 자신감과 소비자의 신뢰에 대한 믿음이라고 단언할 수 있을 것이다. 아모레퍼시픽의 품질에 대한 자신감은 제품에 대한 정성과 품질개선을 위한 끊임없는 노력, 그리고 화장품에 대한 기획, 연구, 디자인, 생산 등 전 과정을 고객의 입장에서 진행하고 있으며, 고객에 대한 진실한 관심과 헌신을 주요 마케팅 전략으로 내세우고 있다.

이처럼 아모레퍼시픽의 제품 생산은 고객의 소리를 듣고, 고객의 가치를 개선하는 방법을 찾는 것에서부터 시작된다. 고객의 피부 유형, 화장품의 사용 환경 및 방법, 습관 등을 지속적으로 관찰함으로써 화장품시장의 전반적인 트렌드 변화에 즉각적으로 대처하고 있다.

이와 더불어 제품의 기능성을 부각시키고 감정과 시각에 호소함으로써 고객 가치를 깨닫고 존중함으로써 브랜드 가치를 향상시켜 왔다. 이러한 일련의 활동은 창조적 생각과 함께 고객의 요구를 맞추기 위한 활동으로 정의할 수 있다.

'아모레퍼시픽'의 고객 정신은 보다 우수한 품질을 가진 제품의 생산으로 이어지고 있다. 특히, 1990년대 초부터 실시한 무한책임주의로 고객에게 발생할 수 있는 작은 문제까지 모두 책임지고 있다. 피부에 직접 사용하는 화장품의 특성상 소비자의 신뢰가 무엇보다도 중요한데, 무한책임주의는 소비자들의 믿음을 더욱 굳건히 하는 계기로 작용하였다. 또한 사업 확장의 영역도 핵심 사업영역(화장품, 뷰티, 헬스 부분)에 한정해 왔기 때문에 화장품업체로서의 아모레퍼시픽에 대한 소비자의 신뢰는 더욱 커져 갔다고 할 수 있다.

IMF라는 국가적 위기 이후 아모레퍼시픽은 해외시장 개척에 더 의욕적으로 나서게 된다. 물론 회사의 주력 분야인 화장품사업에 한정하고 있으며, 그 대상은 시장규모가 큰 중국과 화장품의 본고장이라 할 수 있는 프랑스이다. 아모레퍼시픽은 해외시장을 개척하면서 국가마다 다른 접근 전략을 구사하였다. 프랑스의 경우는 제품의 개발에서 생산까지 담당하는 전진기지를 모두 현지에 두고서 '로리타엠피카'와 같이 유명한 의상디자이너그룹과 합작하여 향수사업에 주력하였다.

아모레퍼시픽의 제품은 현재 프랑스 향수시장에서 시장점유율 3~4위를 차지하고 있다. 중국의 경우는 국내시장에서 유통되는 브랜드에 대한 선호도가 높다. 그래서 '라네즈', '마몽드'와 같이 국내 브랜드를 그대로 사용하고 있다. 이처럼 아모레퍼시픽은 우수한 품질과 더불어 시장 상황에 맞게 유연하게 대처하는 경영전략을 통해서 미래를 향한 등불을 하나씩 밝혀 나가고 있다.

⁂ 3. 고객 만족을 위해서라면 누구든 친구가 될 수 있다

화장품을 선택하는 소비자들의 눈을 사로잡기 위한 포장재의 경우는 거의 전량 외부 전문 업체에 아웃소싱하고 있다. 포장재 제작은 디자인, 시제품 제작을 위한 엔지니어링, 신뢰성 테스트, 제작의 단계를 거친다. 아모레퍼시픽은 신뢰성 테스트에 주력하고, 전체적인 과정에 대한 유지·관리 업무만 하고 있다. 그 외의 모든 과정을 외부 아웃소싱하고 있다.

처음에는 최초 포장재의 생산과 같이 단순한 업무를 아웃소싱하는 것부터 시작했으며, 현재는 엔지니어링 부분을 포함한 디자인,

시제품 제작 등 주요 포장재 생산 업무를 모두 아웃소싱하고 있다.

디자인의 경우도 아모레퍼시픽 내부에 우수한 실력을 가진 디자인팀이 있지만, 협의나 관리업무를 제외하고는 모든 업무를 외부업체에 아웃소싱하고 있다. 포장재 제작 과정은 화장품 이미지에 맞는 콘셉트가 정해지면 디자인 과정을 거쳐서 엔지니어링을 통해 형상화된다.

이렇게 형상화된 것은 금형·사출하는 과정을 거치게 되면서 제품으로 만들어진다. 이 과정에서 아모레퍼시픽은 제품 이미지에 따른 제품 디자인 콘셉트를 결정하는 업무만 하고 있고, 이 외의 모든 과정은 아웃소싱하고 있는 것이다. 이와 같은 아모레퍼시픽의 아웃소싱은 연간 2,000억 원의 비용이 들어가고 있으며, 관련 인원만도 약 2,000명 이상일 정도로 상당한 규모로 이루어지고 있다.

제품의 디자인 및 기능성은 매출액에 큰 영향을 미치는 생산 과정이다. 그런데 이렇게 중요한 과정을 왜 100% 아웃소싱에 맡기고 있을까? 해답은 의외로 간단하다.

이유는 바로 생산 비용과 품질 때문이다. 화장품의 특성상 제품마다 판이하게 다른 포장재를 사용해야 한다. 때문에 다양한 종류의 포장재를 직접 생산하기 위해서 그에 맞는 생산용 장비들을 그때그때 구비해야 하는데, 비용적인 측면에서 상당히 비효율적일 수밖에 없다. 또한 화장품 용기의 특성상 새로운 아이디어를 끊임없이 창출하여 소비자들의 다양한 욕구를 수용해야 하기 때문에 다양한 외부 업체들의 아이디어를 받아들이는 것이 고객 확보 차원에서 보다 유리할 수 있다.

아모레퍼시픽의 아웃소싱은 단순한 외주라기보다는 최대한의 효율과 창의적 아이디어를 확보하기 위한 '경영전략'이라고 할 수 있다. 이러한 경영전략의 대표적인 예가 아웃소싱업체인 '하나엔지니어링'과의 제휴를 통해 개발한 밀폐용 펌프 노즐이다. 강성일 대표이사가 이끄는 '하나엔지니어링'은 1993년에 설립된 화장품 포장재 전문기업으로, 혁신적인 제품개발을 통해서 국내외의 화장품 용기 제조업체를 선도하고 있는 업체이다.

'하나엔지니어링'의 밀폐용 펌프 노즐은 평상시에 내용물을 배출하는 노즐을 막아 놓은 상태이나, 펌프를 누르는 순간 막혀 있던 노즐이 열리면서 내용물이 배출되도록 설계되어 있다. 화장품 용기에서 펌프는 편리함을 위해 개발된 기술이지만, 평소에 노즐 부분이 항상 열려 있다는 단점이 있었다.

이렇게 열려 있는 노즐을 통해서 내용물이 공기와 접촉하게 되고, 이는 제품이 변질되거나 건조해지는 원인이 되었다. 이러한 단점을 개선시킨 것이 바로 '하나엔지니어링'의 제품이다. 즉 '하나엔지니어링' 제품은 공기와의 접촉을 가급적 차단시켜서 유효성분 효과가 떨어지거나 향기가 날아가는 등의 문제점을 해결한 것이다.

단순하게 듣고 지나칠 때에는 별거 아니라고 생각할 수도 있지만, 관련 전문가들은 일종의 혁신적인 아이디어라고 평가하고 있다. 현재 밀폐형 펌프 노즐은 설화수 에센스 제품과 같이 고급 신제품에만 적용되고 있으며, 소비자 반응 역시 매우 좋다.

회사 경영진과 실무자들 역시 이 제품의 아이디어에 대해서 매우 만족해하고 있다. 작은 부분이지만, 이러한 차별화 기술은 고객들을 세심하게 배려하는 것으로 소비자와 아모레퍼시픽 모두의 반응이 좋았던 것이다. '하나엔지니어링'과의 협력관계는 업무의 만족도뿐만이 아니라 품질의 향상까지 이끌어 낸 대표적인 예이다.

현재 포장재 관련 업무는 디자인, 도면엔지니어링, 포장재의 유해물질 포함 여부 관리 등으로 나눌 수 있는데, 내부용기의 최종실험(내용물 침전검사 등)만 내부에서 처리하고, 그 외의 일은 모두 아웃소싱으로 하고 있다. 이러한 아웃소싱을 통해서 고객 불만사항 등이 현저히 줄어드는 등 전반적으로 업무의 질이 향상되었다.

▓ 4. 아웃소싱은 최선을 향한 경영전략의 일부분

'하나엔지니어링'을 포함해서 아웃소싱은 기간을 일정하게 정해 놓지 않는다. 다만 기본적인 사용계약을 맺고, 해당 기간 동안 아모레퍼시픽이 전용사용권을 갖게 되며, 이 기간 동안 아웃소싱 업체도 안정적으로 제품을 공급하게 된다. 보통 1년 단위로 계약을 갱신하는데, '하나엔지니어링'의 밀폐형 펌프 노즐의 경우에도 1년간 아모레에 공급하기로 되어 있다.

아모레퍼시픽 같은 경우는 제품 개발을 위한 비용도 제공하고 있는데, 이에 의해 지적재산권이 등록되더라도 아모레퍼시픽의 단독 보유는 전혀 없으며, 보통은 공동으로 지적재산권을 가지거나 아웃소싱 업체가 가지게 된다. 밀폐형 펌프 노즐의 경우 개발비를 아모레퍼시픽에서 보조하였으나, 지적재산권은 '하나엔지니어링'이 가지고 있다. 대신에 1년 동안 아모레퍼시픽에 독점 공급하는 형태의 계약을 맺는다. 현재 계약 기간인 1년이 지났지만, '하나엔지니어링'에서는 지속적으로 제품을 공급하고 있으며, 1년에 약 20억 원 정도의 규모로 공급이 이루어지고 있다.

아모레퍼시픽과 아웃소싱 업체들 사이에는 특별한 제도가 있다. 바로 협력사의 아이디어 제안 제도이다. 아웃소싱 업체에서 아이디어를 제출하면 디자인, 구매, 마케팅 부서가 모여서 해당업체의 설명회를 보고서 아이디어를 평가하는 행사를 주기적으로 가지고 있다. 이러한 행사를 통해서 채택된 아이디어가 상품화되면 기존 지급하는 금액의 1.3배를 지급하고 있다. 당연히 아웃소싱 공급업체들의 반응은 매우 좋은 편이고, 폐쇄형 펌프 노즐도 여기에서 나온 아이디어였다.

아모레퍼시픽은 기존의 아웃소싱 업체들만 관리하고 있는 게 아니다. 새로운 아이디어를 제안하는 업체에게는 항상 문이 열려 있으며, 간혹 새로운 아이디어에 대한 소문을 듣게 되면 득달같이 달려가서 그 아이디어의 내용을 확인하고 있다. 모두 고객이 만족할 수 있도록 품질을 개선시킬 여지가 있다면 누구든 만나야 하고, 어디든 달려가야 한다는 것이 아모레퍼시픽의 철칙이다.

보통 아웃소싱의 최초 제안자는 과장, 팀장급의 중간관리자들인데, 현재에도 적극적으로 제안하고 있다. 이는 아웃소싱에 대해서 예전부터 해 오던 일로 기업 경영 전략의 중요한 일부분이라고 여기고 있기 때문이다.

인사, 급여, 관리, 전산통신, 판매, 생산, 패키지 등의 다양한 업무에서 기획 등 핵심기능을 제외한 여타 기능들은 대부분 아웃소싱 중이며, 아모레퍼시픽은 아웃소싱을 지속적으로 확산해 나갈 예정이다. 경영상의 이유로 전체 매출에서 아웃소싱이 차지하는 비율을 직접 산출하고 있지는 않지만, 상당히 높은 비중을 차지하고 있음을 짐작할 수 있다.

매출 및 생산에 있어서 중요한 역할을 하고 있는 아웃소싱에 있어서 업체를 선정하는 기준은 품질, 가격, 적기납품 여부, 독창성 등이다. 아웃소싱 업체가 제안하거나 생산하는 제품이 아모레퍼시픽의 이름을 걸고 판매할 수 있는 품질을 가지고 있는지, 가격적으로 얼마나 경쟁력이 있는지, 전체 시스템에 무리를 주지 않는 생산력(적기납품 여부)을 가지고 있는지, 마지막으로 얼마나 독특하고 창의적인 아이디어를 가지고 있는지가 아웃소싱 업체를 선정하는 기준이다.

여기에 중요한 철칙이 한 가지 더 있다. '창조적인 기술'에 대해서는 비용적인 부분을 고려하지 않는다는 것이다. 제품의 품질을 혁신적으로 개선시킬 수 있는 기술이나 제품에 대해서는 비용적인 측면을 맨 나중에 고려하고 있다. 가장 중요한 것은 소비자가 그 제품을 어떻게 받아들일지에 대해 판단하는 것이다. 이것은 모든 제품을 소비자 위주로 만들어야 한다는 경영철학에서 나온 현상이다.

그렇다면 아모레퍼시픽에서는 아웃소싱 업체들한테 얼마의 점수를 주고 있을까? 포장재 관련 부서에서는 90점 이상의 만족 점수를 주고 있다. 물론 경영진 역시 높은 점수를 주고 있다. 만약에 포장재 디자인 및 생산 업무를 아모페퍼시픽이 자체적으로 수행한다면 급여수준이 높은 회사의 특성상 2,000~3,000여 명의 인력이 필요할 것이며, 이를 금액으로 환산한다면 약 2,000억 원 이상이 들었을 것이다.

이러한 비용적인 측면에서뿐만이 아니라 다양한 아이디어와 품질개선의 노력도 이끌어 내고 있기 때문에 아웃소싱에 대한 만족도가 높을 수밖에 없다. 앞으로도 업무 가운데 비효율적인 부분들은 업무 집중도, 비용, 효율 등 종합적인 측면을 고려하여 효율이 높은 아웃소싱으로 전환한다는 것이 아모레퍼시픽의 생각이다.

아모레퍼시픽만의 아웃소싱 성공 요인을 찾아보자면, 우선 협력사와의 지속적인 커뮤니티라고 말할 수 있다. 아웃소싱 업체와 끊임없이 교류하고, 이를 통해서 문제점을 함께 고민하고 해결해 오고 있다.

물론 아웃소싱이 마냥 좋기만 한 것이 아니며, 위험성을 가지고 있기도 하다. 만약 아웃소싱 업체한테 용기의 생산을 전적으로 맡겨 놓고 있는 상황에서 해당업체에 문제가 발생했을 경우 아무래도 아모레퍼시픽의 제품 생산에는 차질을 빚을 수밖에 없다. 현재 이러한 상황이 발생하지 않도록 구매팀에서 거래업체의 문제점을 지속적으로 파악하고 있다. 또한 만약의 경우를 대비해서 예비 업체들을 사전에 물색해 놓기도 한다. 현재까지는 '만약'이라는 문제가 발생하지 않고 있다.

앞으로도 아모레퍼시픽은 아웃소싱에 대한 긍정적인 생각과 함께 그 범위를 확대할 계획에 있다. 합리적이라는 판단이 들면, 어떤 분야에서건 아웃소싱할 것이다. 현재도 기본 시스템 구축과 단순관리는 해마다 아웃소싱으로 전환되고 있다. 아웃소싱을 시행할 때 회사 내·외부에서 많은 문제가 발생하기도 하는데, 노조와의 약간의 마찰이 생기기도 했다. 하지만 아모레퍼시픽은 고용안정 등의 약속을 내세웠고, 이를 이행함으로써 노조와 큰 갈등 없이 해결할 수 있었다.

░ 5. 무한한 기회를 제공할 아웃소싱,
미래를 대비하라

아모레퍼시픽은 위기를 성장의 기회로 바꾼, 몇 안 되는 기업체 중 하나이다. 그리고 그 기회를 포착하는 데 있어서 아웃소싱도 중요한 역할을 했다고 평가하고 있다. 아모레퍼시픽이 추구하는 고객

우선주의, 품질 개선의 노력을 내부는 물론 외부의 아이디어를 모두 받아들임으로써 해결한 것이다.

아모레퍼시픽은 아웃소싱을 고려하고 있는 업체들에게 변화하는 상황을 잘 예측하여 관리하라고 조언하고 있다. 아웃소싱이 비용이나 기술적 측면에서 이익을 줄 수 있다고 하더라도, 앞으로 어떻게 될지 모르기 때문에 핵심 역량을 자체적으로 해결할지에 대한 여부를 제대로 예측해서 관리해야 한다는 것이다. 즉 핵심역량 같은 경우는 대부분이 고도의 기술력을 필요로 하는데, 이를 섣불리 아웃소싱했다가는 나중에 후회할 수도 있기 때문이다.

그렇다고 다시 자체적으로 해결하기에는 기술력과 비용이 만만치 않을 것이다. 따라서 사전에 충분한 고민을 해서 아웃소싱 분야를 예측해야 할 것이다. 잘못된 예측은 회사의 생산차질은 물론 시장진입 등에 문제를 야기할 수도 있기 때문에 아모레퍼시픽은 체계적이고 합리적인 결정과 전체를 통찰하는 관리 자세를 강조하고 있다. 또한 성공사례와 실패사례 등을 지속적으로 관찰해서 아웃소싱을 어느 분야에 적용할 것이며, 어느 정도의 규모로 진행할지를 결정해야 할 것이다.

아모레퍼시픽은 아웃소싱의 경계가 모호하기 때문에 아웃소싱의 범위를 무리하게 고정시켜서 정책을 집행해서는 안 된다고 보고 있다. 정부에서는 광범위하게 아웃소싱 업체들을 인정하고, 아웃소싱 업체들의 역량을 강화하기 위한 산업발전 정책을 제시해야 할 것이다. 또한 이들 기업들의 핵심 업무, 특화 업무 등을 데이터화하여 제공하는 인프라 구축작업을 선행한다면, 이는 아웃소싱 산업 발전의 튼튼한 발판이 될 것이라 예상했다.

기술력을 확보할 수 있는 대안

:: 코스본과 대아테크

1. 해외에서 먼저 알아본 기술력

2. 국제적 브랜드로의 도약

3. 아웃소싱 업체 선정기준도 기술력

4. 기술력의 확보와 비용 절감

구분	발주사	공급업체
	코스본	대아테크
업체명		
주요 업종	화장품 및 미용용품 제조, 도·소매, 수출	사출 및 펌프 개발, 제조
대표명	김흥태	
주소	서울시 서초구 양재동 375	충남 천안시 성환읍 송덕리 183-1
홈페이지	www.s-trademart.com/cosbon	www.daeah.com
요약	화장품 용기 개발 및 제조 분야에서 차별화된 진공용기 개발 및 제조를 협력적으로 이루어 냄	

▒ 1. 해외에서 먼저 알아본 기술력

국내 메이저 화장품회사인 한국화장품에서 근무했던 김흥태 대표는 경력을 십분 활용하여 1998년 (주)코스본화장품을 설립한다. 근무 당시 현장에서 얻은 아이디어들은 국내 시장뿐만 아니라 해외 시장에 내놓아도 충분한 경쟁력을 가질 수 있다는 것을 직감했기 때문이다.

그러나 회사 설립은 아이디어만으로 될 수 있는 것은 아니었다. 기초공사도 없이, 대들보도 올리지 않고 무리하게 벽돌만 쌓아 놓고 집이라고 큰소리친다면 그 집은 금세 무너질 것이다. 김흥태 대표는 우선 자체 기술 개발에 심혈을 기울였다.

그렇게 해서 축적된 기술력을 바탕으로 특허와 실용신안 등의 지적재산권을 확보해 나가면서 회사의 체계를 차근차근 세워 나갔다. 이러한 기술력에 대한 우선 투자는 (주)코스본화장품이 내세울 수 있는 최고의 경쟁력이 된다. (주)코스본화장품의 기술력을 시장에서 먼저 인정한 것이다. 최고의 기술력은 치열한 경쟁을 이겨낼 수 있는 (주)코스본화장품의 강력한 힘이 되고 있다.

(주)코스본화장품 설립 초기에 가장 어려웠던 점은 국내 화장품 시장 자체가 포화 상태였다는 것이다. 자금력이 풍부한 대기업도 아니었고, 오랜 역사를 가지고 있어서 브랜드만으로도 가치를 지니고 있는 중견 기업도 아니었기에 (주)코스본화장품의 시장 진입은 만만치 않았다. 또 당시에는 외국계 화장품 회사들마저 적극적인 마케팅을 펼치면서 시장을 공략하고 있던 시기였다. 신설 회사인 (주)코스본화장품에게는 국내 시장 진입의 장벽이 매우 높게만 보였다.

　(주)코스본화장품은 발상의 전환으로 해외 시장에 먼저 눈을 돌
렸다. 포화 상태인 국내 시장보다는 아직 틈새와 기회가 있던 해외
시장이 오히려 해 볼 만하다고 판단한 것이다. 또 해외 시장의 틈
새 공략은 국내시장에서 인지도를 높일 수 있는 기회가 될 수도 있
었다. 이러한 전략은 회사 설립 초기에 이루어 냈던 기술력이 있었
기 때문에 승산 있는 싸움이라고 생각했다.

　5년여 동안 많은 우여곡절이 있었지만, 도전하고 또 도전하는 인
고의 노력을 기울였다. 이러한 노력은 서서히 빛을 발하기 시작한
다. 인지도를 점점 넓혀 갔으며, (주)코스본화장품의 기술력 또한
인정받기 시작한 것이다. 현재 (주)코스본화장품을 지탱하는 가장
큰 주춧돌 역할은 해외시장이 하고 있다. 회사 설립 초기부터 해외
시장에 주력하고 있었기 때문에 IMF 등 국내의 경제위기 상황에서
도 큰 타격을 입지 않았다.

　(주)코스본화장품의 주력 사업 분야는 화장품과 미용용품이며,
주로 해외시장을 겨냥한 상품을 생산하고 있으며, 국내시장에는 일

부 분야에 부분적으로 진출해 있다. (주)코스본화장품의 경영현황을 살펴보면, 생산현장 인원을 포함하여 16명이 근무하고 있다. 매출액은 2007년을 기준하여 50억 원 정도로 기술력을 축으로 하는 사업들을 지속적으로 진행하고 있다.

(주)코스본화장품의 제품은 일반인보다 주로 미용 전문가들을 상대로 하기 때문에 해외시장에서의 점유율을 판단한다는 건 쉽지 않다. 점유율을 단순한 수치로 산정하기는 힘들지만, 전문가 시장 쪽에서는 상당한 인지도를 갖고 있으며, 경쟁력 또한 확보하고 있는 것으로 판단하고 있다. 그것은 매출액의 증가로 확인할 수 있다.

이러한 성과는 기업의 설립 때부터 내세웠던 기술력 때문이다. 단순히 낮은 가격만을 무기로 내세웠다면, 업체들과 경쟁하는 것에 대한 한계가 분명히 있었을 것이다. 또한 회사의 미래를 위해서도 유익하지 않았을 것이다. (주)코스본화장품은 기술력으로 승부를 걸었고, 그 결과 전문 제품을 생산하는 우량회사로 성장할 수 있었다.

2. 국제적 브랜드로의 도약

COSMETIC + BON (F = Good)

(주)코스본화장품은 우수한 품질과 최상의 서비스로 고객의 미를 창조하는 데에 노력하는 기업임을 내세우고 있다. 부드럽고 세련된 아름다움을 창출하는 것, (주)코스본화장품의 이름과 로고에 그대로 담겨 있다.

거기에 덧붙여서 제품의 디자인에도 심혈을 기울이고 있다. '품질, 디자인 경영'을 회사의 사훈으로 내걸 정도이다. 최근에는 디자인이 뒷받침해 주지 못하면 제품으로서 성공하기 힘들다.

최근의 소비자들은 제품을 선택함에 있어서 품질 하나만 보고 있지 않으며, 미적인 면도 고려하고 있기 때문이다. 그렇다고 디자인을 너무 강조하다 보면 제품의 기능성을 해치는 경우도 있다. 품질과 디자인은 적절한 조화를 이루어야만 최상의 제품이 나온다는 게 김홍태 대표의 생각이다.

(주)코스본화장품은 컬러 TV를 보면서 감각적인 영상 문화에 친숙하게 자란 세대들인 20~30대 여성들을 주 소비층으로 삼고 있다. 이에 제품들마다 20~30대 여성들의 취향에 초점을 맞춰 미적 감각을 충분히 살리면서도 사용하기에 편리하도록 인체 공학을 응용한 디자인을 하고 있다. '품질, 디자인 경영'은 국제 경쟁에서 살아남을 수 있는 최고 브랜드가 되기 위한 전략인 것이다. 실제로 (주)코스본화장품의 메이크업 브러시 같은 경우는 품질과 디자인 면에서 국내·외 시장에서 독보적인 경쟁력을 갖추고 있다.

(주)코스본화장품이 해외시장에 집중하다 보니, 주요 경쟁사들은 국외에 집중되어 있다. (주)코스본화장품의 제품들은 주로 미국과 유럽 쪽에 공급되고 있는데, 중국의 많은 기업들이 지속적으로 이들 시장을 노리고 있다. 중국 업체들이 (주)코스본화장품의 가장

큰 경쟁사들이라 볼 수 있다.

중국 업체 대부분은 저가의 가격을 경쟁력으로 내세우고 있다. 그러나 가격을 무기로 시장에 접근하는 것의 한계를 (주)코스본화장품은 알고 있었다. 가격이 낮아지면 자연히 품질은 떨어질 수밖에 없다. 단시간에 시장의 반응을 일으킬 수 있지만, 이것은 곧 부메랑이 돼서 날아와 치명타를 입힌다. 품질에 대해서 한 번 신뢰를 잃게 되면, 회복하는 것은 불가능하기 때문이다. 특히나 (주)코스본화장품의 주 소비층인 전문가와 아티스트들은 품질에 더 민감하다. 가격이 좀 비싸더라도 품질 좋은 것을, 자신의 전문성을 발휘할 수 있는 것을 선택할 수밖에 없다.

국내에서는 (주)코스본화장품과 비슷한 제품을 생산하는 업체들이 있긴 하지만, 대개가 OEM 방식으로 공급하는 업체들이다. (주)코스본화장품처럼 자체  브랜드를 가지고 미국과 유럽의 전문가와 아티스트들을 상대로 제품을 생산하는 업체는 드물다.

(주)코스본화장품은 최근에 활성화되고 있는 전자무역거래를 활발하게 이용해서 성과를 올리고 있다. 전자무역은 재화 또는 서비스의 국제 간 거래인 무역행위의 본원적 업무는 물론 지원업무를 인터넷을 포함한 정보기술 수단을 활용하여 전자적·정보 집약적 방법으로 수행하는 무역 활동을 말한다. 현재 지식경제부와 KOTRA(한국무역협회)에서 전자무역을 활발하게 지원하고 있다.

특히나 자금력이 약한 중소기업에게는 제품을 알릴 수 있을 뿐만 아니라 시장 전반에 대한 정보도 얻을 수 있다. 최근에는 절차를 더욱 간소화한 시스템의 완성으로 수출입하는 게 훨씬 수월해졌다. 이를 적극적으로 활용한 (주)코스본화장품은 한 포럼에서 전자무역 거래의 성공사례로 발표가 될 정도로 그 성과는 컸다.

해외 수출은 또한 전문 에이전트를 통해 이루어지기도 한다. (주)코스본화장품은 미국과 유럽에 전문 에이전트를 두고 있는데, 특히 미국시장의 경우 메이저 바이어를 확보하는 것이 만만치 않았다. 우수한 품질의 제품이라도 무작정 홍보만 할 수 없고, 구매능력이 있는 바이어를 찾아내서 만나는 것 또한 쉽지 않은 일이다. 이러한 문제를 전문 에이전트를 통해 해결하고 있다.

국내외 시장에 대한 (주)코스본화장품의 전망은 무척 밝은 편이다. 특히 국내시장의 변화는 (주)코스본화장품에 유리하게 작용하고 있다. 화장품 관련 소비층이 최근 몇 년간 전문화, 세분화되면서 국내 시장에서도 전문가용 제품의 수요가 늘어나고 있다.

▶ 3. 아웃소싱 업체 선정기준도 기술력

(주)코스본화장품은 기본적인 기술이나 디자인을 보유하고 있지만, 그것을 상품화하는 것은 여러 방법을 통해 이루어진다. 똑같은 기능의 제품이라도 고객의 요구에 맞게 재료나 디자인 등이 다른 제품을 생산하고 있다. 이것은 대중적으로 쓰기 쉽고 간편한 제품이 아니라 전문가나 아티스트의 전문성을 살려주는 제품을 생산해

야 하기 때문이다.

이러한 제품의 다양성은 모든 제품을 처음부터 끝까지 자체적으로 구상하고 체계적으로 생산하는 것을 어렵게 하고 있다. 사정이 이렇기 때문에 (주)코스본화장품은 아웃소싱을 통해서 제품의 다양성을 확보하고 있다. 현재 (주)코스본화장품 제품의 50~60% 정도가 아웃소싱 과정을 거쳐서 생산되고 있다.

(주)코스본화장품에서 아웃소싱 업체를 선정하는 가장 큰 기준은 신뢰할 수 있는 기술력이다. 기술력을 바탕으로 해외시장을 개척했고, 국내에서도 가장 큰 경쟁력을 기술력이라고 생각하고 있는 (주)코스본화장품이기에 기술력을 첫손가락에 꼽는 건 어찌 보면 당연한 일이다.

(주)코스본화장품의 주요 아웃소싱 분야는 화장품 외부 케이스의 개발 및 생산이다. 단순히 내용물을 담는 용기로서는 별 의미가 없었다. 고급화 전략으로서 용기 자체에도 기능을 갖추고 있어야 했다. 그러나 (주)코스본화장품 자체에서는 플라스틱 용기에 대한 기술, 하다못해 기본적인 정보조차 갖고 있지 않았다. 이에 김흥태 대표는 아웃소싱을 결정한다. 즉 아웃소싱의 최초 제안자는 (주)코스본화장품 경영자였다.

그래서 인연을 맺게 된 게 '대아테크'이다. 아웃소싱을 도입할 초기의 문제점은 공급업체가 화장품에 대한 경험이 부족하다는 것이었다. 하지만 제품화하고, 시제품을 제작하는 일련의 과정을 겪으면서 서로의 정보를 가감 없이 공유하게 되었고, 현재는 발전적인 관계를 구축하고 있다. 이렇게 해서 나온 것이 외부공기를 차단

해서 오염을 방지하는 밀폐 뚜껑 용기다.

검증된 기술력으로 만들어 낸, 이 밀폐 뚜껑 용기는 (주)코스본화장품의 용기 제품의 약 30~40% 정도를 차지하게 된다. 또한 동종업체의 일반 용기와는 다른, 차별화된 기술이 사용되었기 때문에 고가의 상품으로 대접받고 있다.

'대아테크'는 약 20명 정도의 사원이 종사하고 있다. '대아테크'에서는 (주)코스본화장품과의 프로젝트 기간 내에 담당하는 관리자가 지정되어 있지만, 기본적으로 (주)코스본화장품만을 전담하는 인력은 배치되어 있지 않다.

아웃소싱 공급업체에 대한 선정 기준에 있어서 기술력 다음으로 고려하는 것은 비용 문제이다. 한 제품을 수출함에 있어서 바이어가 요구하는 비용이 있기 때문에 아웃소싱 업체와의 비용이 적정한 수준인지 판단해야 했다. 그렇다고 무턱대고 비용을 깎아내리진 않았다. 그건 또 다른 문제, 품질이라는 문제를 일으킬 수 있기 때문이다. 따라서 아웃소싱 비용 산정은 업체가 제안하는 가능 비용을 근거로 협상을 해서 절충하고 있다.

아웃소싱 업체의 재정적인 면도 선정 기준이 되고 있다. 행여 생산에 차질이 생기는 것을 미리 막기 위한 방편이다. 그간 쌓아 올린 대외신인도 또한 기업의 중요한 자산인데, 납기일을 못 맞춰서 자칫 바이어들과의 신뢰를 깨뜨릴 수 있기 때문이다.

아웃소싱과 관련해서 (주)코스본화장품은 특별하게 아웃소싱 전담 부서나 전담 인력을 두고 있진 않고 있다. 아웃소싱 관련 업무를 통틀어서 마케팅 부서에서 관리하고 있는데, 이는 중소기업인 (주)코스본화장품의 특성에 따라 어쩔 수 없는 선택이었다. 현재보다 나은 형태의 아웃소싱을 위해서 전담팀이 필요하다면 분리 운영할 계획도 가지고 있다.

아웃소싱 공급업체와의 계약 기간은 제품의 사이클에 따라 다른데, 통상 3년 정도라고 할 수 있다. 아웃소싱 비용 규모를 따져보자면, 전체 매출액의 절반가량이 대략적인 아웃소싱 비용이다.

업체선정은 입찰 등의 방식과 같은, 사업적인 측면보다 서로 간의 신뢰를 바탕으로 하고 있다. 오랫동안 화장품 업계에 종사해 오면서 알아온 인맥을 활용해서 아웃소싱 업체에 대한 정보를 습득하고, 기본적인 제품 의뢰를 통해서 업체의 능력을 평가한 후에 선정하고 있다. 신뢰를 바탕으로 맺어진 아웃소싱 관계이므로 현재 (주)코스본화장품은 관리 매뉴얼을 따로 갖고 있지 않으며, 이에 대한 필요성 또한 느끼지 않고 있다.

아웃소싱을 도입하게 된 가장 큰 이유는 기술력을 상호 보완해 나가면서 전문성을 확보하는 것이었다. 위에 언급됐던 '대아테크'와의 아웃소싱 관계가 그 좋은 예일 것이다. 즉 '대아테크'를 통해서 기존에 갖고 있었던 제품에 대한 기술의 향상은 물론이거니와 제품 포장과 보관에 관련된 기술의 전문성까지 새롭게 확보할 수 있었던 것이다. 이와 함께 인건비와 생산 시설 설비비까지 절감할 수 있었으니, (주)코스본화장품 내에서는 아웃소싱에 대한 인식이 좋을 수밖에 없다. 비용절감과 기술력 확보 측면에서 상당한 효과가 있었다는 인식을 하고 있다.

▓ 4. 기술력의 확보와 비용 절감

현재 (주)코스본화장품의 제품을 공급받고 있는 바이어들은 디자인, 기술 모든 면에서 만족해하고 있다. 외부의 평가 또한 좋게 나타나고 있는 것이다. 아웃소싱을 통해서 품질과 기술력이 향상되었기 때문에 회사의 이미지 개선과 인지도 측면에서 큰 효과를 보고 있다.

만약 해당 아웃소싱 분야를 자체 해결했다면 어떻게 됐을까. 추가적으로 발생하는 인건비의 문제는 문제도 아닐 것이다. 제품 생산에 있어서 몇 번이나 활용할지도 모를 시설 설비를 갖춘다는 건 비합리적일 수밖에 없는 일이다. (주)코스본화장품에서는 현재 아웃소싱 비용의 2배 이상이 지출됐을 거라 판단하고 있다. 이처럼 (주)코스본화장품은 자체적으로 해결할 수 없다고 판단되는 부분에 대해서는 과감하게 아웃소싱을 통해 해결하고 있다.

그동안 아웃소싱 업체와 업무를 진행해 오면서 큰 문제점은 없

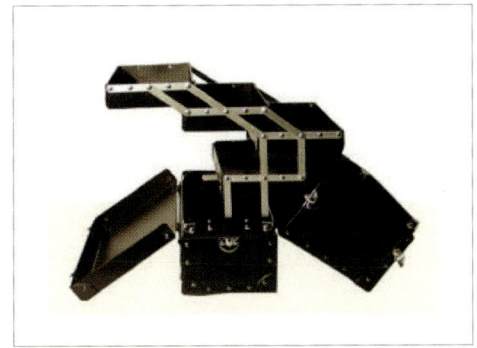

었다. 별도의 시스템화에 의한 결과라기보다는 서로 신뢰를 바탕으로 절충점을 찾는 과정이 선행됨으로써 나타난 결과라고 보고 있다.

(주)코스본화장품은 기술력을 바탕으로 신제품 용기 개발에 아웃소싱 규모를 늘릴 계획을 가지고 있다. 이미 여러 면에서 큰 효과를 경험했기 때문에 향후 전체 매출의 60% 이상의 규모로 아웃소싱을 늘릴 계획이다.

아웃소싱 산업 활성화를 위한 인프라 중 인터넷을 통한 아웃소싱 업체 검색 계획 등에 대해서 일단 환영은 하지만, (주)코스본화장품의 입장에서는 오랜 기간 인맥을 통해 맺어온 업체들이 있기 때문에 현재로서는 특별히 호감이 가는 방법이 아니라고 한다.

(주)코스본화장품은 시설의 자동화, 현대화 등이 잘 갖추어진 아웃소싱 업체들이 늘어나서 가격절감, 원가절감 등이 기본적으로 담보되어야 한다는 것을 강조하고 있다. 이런 전제를 바탕으로 아웃소싱 공급업체와의 관계가 형성돼야 할 것이다. 또한 형식적, 사업적 관계에 머무를 것이 아니라 서로의 미흡한 기술력을 보완하고 전수함으로써 두 회사가 모두 발전하고 상생할 수 있는 동반자의 관계가 되어야 할 것이다.

아웃소싱 공급업체의 의견

[아웃소싱 성과]

풍부한 개발기술과 제조 기술을 가진 공급기업과 자금과 제품 필요 요인을 가진 수요 기업이 협력하여 서로 간의 기술과 자금을 공유함으로써 개발된 채 사장될 위기에 빠진 우수한 품질의 사업아이템을 현실화하여 서로 간의 시너지 효과를 발생

[아웃소싱 활성화를 위한 기업적 / 정책적 기대사항]

아웃소싱 공급업체는 자금적으로 어려움을 겪고 아웃소싱 수요업체는 기술적인 측면에서 어려움을 겪고 있는 것이 현실임. 따라서 조달청과 같은 계약시스템의 도입으로 서로 간에 인센티브를 부여하는 방법 등을 통해 기업들이 필요로 하는 부분에 대한 지원을 적극적으로 펼칠 필요가 있음

[회사 소개]

국내 유일의 자동차 및 자전거용 튜브 밸브 생산업체로 창업하여 1979년 충남 천안시로 기업을 확장 이전한 후 GLASS METAL SEALING과 CU-PIPE 가공으로 현재에 이른 대아테크는 우수한 기술력과 제조력을 동시에 갖춘 중소기업으로 현재 롯데기공, 만도기계, 코스본 등 많은 국내 기업에 기술과 제품을 제공하고 있음

지식서비스 산업으로 5.
회사를 업그레이드하다

:: 픽스 코리아와 넥스디자인플래닝(주)

1. 우연히 찾아온 기회

2. 목적이 없으면 비전이 없다

3. 전시의 꽃 부스 설치 아웃소싱

4. 아웃소싱 업체DB의 성공노하우

구분	발주사	공급업체
	픽스 코리아	넥스디자인플래닝(주)
업체명		
주요 업종	애니메이션, 게임, 영상 등 서비스	실내건축, 전시컨벤션 디자인 및 기획, 전시장치 외
대표명	최인호	홍성완
주소	서울시 강서구 방화2동 849 벽산에어트리움 2층 F7호	서울시 광진구 화양동 42−17 제일빌딩 4F
홈페이지	www.fixkorea.co.kr	www.nexdp.com
요약	인천국제디자인페어에서 강화군 브랜드 홍보관을 디자인, 설계, 감리 장치를 하면서 FIX KOREA의 강화농수산물 글로벌 브랜드 개발 능력과 넥스디자인의 브랜드에 맞는 홍보관 디자인 및 설계 감리를 진행	

▓ 1. 우연히 찾아온 기회

픽스코리아는 1999년에 설립되었다. 최초 사업은 애플컴퓨터 엔지니어링과 관련된 교육 등을 종합적으로 지원하는 것이었다.

그러던 중 평소 알고 지내던 지인이 급하게 IT분야의 외국인 관계자를 섭외해 달라는 부탁을 한다. 갑작스런 관계자 섭외 부탁에 난감했지만, 그간 쌓아 놓은 인맥을 통해서 의외로 쉽게 해결할 수 있었다.

이 작은 일로 인해서 픽스코리아의 사업 방향은 완전히 바뀌게 된다. 종합적인 업무지원에서 점점 사업관계자 섭외와 같은 업무를 하게 된 것이다. 특히 전 세계의 애플 엔지니어링 관계자들과의 네트워크가 자연스럽게 이루어지면서 관련 전시 업무를 대행하는 일도 하게 된다. 이후로 전시 행사 기획 및 대행 분야가 픽스코리아의 주력사업으로 발전하게 된다.

공공기관과의 인연은 2003년쯤 시작되었다. 한 행사에서 디즈니 감독을 한 달 안에 섭외를 해야 했었는데, 대행사 측에서 섭외가 힘들게 되자 픽스코리아 대표에게 요청을 한 것이다.

픽스코리아는 동원 가능한 모든 네트워크를 활용하여 기간 내에 해당 디즈니 감독을 섭외해 주었다. 이를 계기로 픽스코리아의 섭외 능력은 높은 평가를 받게 되었고, 이후 공공기관은 픽스코리아의 주요 고객으로 자리 잡는다.

➤ 2. 목적이 없으면 비전이 없다

서울 캐릭터 페어 사무국에서
지원 업무를 7년 정도 맡아서 진
행했고, 국제 디자인 페어를 3회
연속으로 맡기도 했다.

원자력 체험전 같은 경우도 코
엑스에서 의뢰로 진행하였다. 공공
기관의 업무를 대행해서 IT 관련

분야에만 집중했을 때보다 훨씬 더 많은 매출을 올릴 수 있었다.

픽스코리아는 애니메이션과 게임 관련 사업도 추진하고 있다. 애
니메이션과 게임 제작을 하고 있는데, 반응이 꽤 좋은 편이다. 이
러한 분야도 해외 인적 네트워크를 통해서 해외 개발자들을 확보
할 수 있었다.

현재 픽스코리아에서는 17명의 사원이 일하고 있으며, 매출이 높
은 시점은 25억 원, 낮은 시점은 12억 원 정도를 올리고 있다.
2007년도에는 8억 원 정도의 매출을 보였는데, 매출액이 줄긴 했
지만 오히려 마진율은 18% 정도 높아졌다.

사업의 다각화를 진행하면서 매출액이 잠시 주춤하는 모습을 보
였지만, 2008년에 다시 예년 수준으로 증가하였다. 마진율은 작년
수준을 유지하고 있어서 재무구조가 긍정적으로 전환되었다.

픽스코리아는 '목적이 없으면 비전도 없다'라는 사훈을 바탕으로
해외 진출을 목표로 가지고 있다. 또한 모든 직원들이 철저한 프로

정신을 가진 크리에이티브 전문가가 되고자 노력하고 있다.

회사의 주력 분야인 전시행정에서 쌓은 인적 관리 노하우를 바탕으로 인적 자원들의 역량을 높이고, 필요한 인력을 적시에 수급하는 등 최고의 전문가들이 모인 최고의 기업을 지향하고 있다.

픽스코리아가 처음 콘텐츠 제작에 참여할 당시 일본과 수출 계약을 했는데, 단순 수출만을 생각하고 저작권에 대해서는 조금 소홀했던 적이 있었다.

그때 제작사에서 제품이 복사되어 나갔는데 법적으로는 아무런

조취를 취할 수도 없었다. 또한 그로 인해 거래 업체와 쌓아 왔던 도덕성과 신뢰를 모두 잃을 위기에 처했었다. 하지만 발 빠르게 콘텐츠 공급 쪽으로 눈을 돌려서 위기를 넘길 수 있었다.

픽스코리아는 창작성과 목표를 가진 회사를 지향하고 있다. 단순 콘텐츠 개발뿐만이 아니라 콘텐츠를 컨설팅하고 어드바이스, 리스크 관리까지 하는 콘텐츠 공급자의 방향으로 나아갈 계획이다. 현재 자체적으로 게임 개발을 진행하는 부분에 주력하고 있으며, 해외 진출 및 지사 설립도 계획하고 있다.

전시 컨벤션 시장은 경기의 동향에 따라서 그 부침이 심한 편이다. 경제 상황이 좋지 않을 때에는 눈에 띄게 전시 컨벤션의 수가 크게 줄게 된다. 그나마 규모가 있는 업체들은 고정적인 행사를 맡

을 수 있지만, 작은 업체들은 단발 행사도 맡기가 힘들어진다. 픽스코리아의 경우는 전시 컨벤션 쪽에 많은 노하우를 가지고 있고, 경쟁력 있는 콘텐츠를 확보하고 있어서 안정적인 매출을 올리고 있다.

동종 업체는 3,000개 정도로 파악하고 있다. 픽스코리아는 시장에 진입한 지 얼마 안 되지만, 업체 순위에서 중·상급 정도의 순위에 속해 있다고 볼 수 있다.

특히 게임 애니메이션, 공예, 디자인 등 픽스코리아가 보유하고 있는 콘텐츠를 활용할 수 있는 분야의 컨벤션에서는 상당한 인지도를 가지고 있다.

해외시장에서는 중국이나 일본에 협력업체 라인업을 갖추고 있고, 필리핀과 인도에서는 직접 사업을 진행해 본 경험을 가지고 있다. 해외 협력 회사가 지사 역할까지 수행하면서 협력하는 형태로 업무가 진행되고 있다.

픽스코리아는 앞으로 시장 전망을 밝을 것이라 예상하고 있다. 픽스코리아는 전시 컨벤션 외에도 자체 콘텐츠를 가지고 있는 게 유리하게 작용하고 있다. 앞으로 일본과 중국 쪽에서 몇 건의 계약이 성사될 것으로 예상된다.

또 게임 산업 쪽에서는 캐나다와 독일계의 게임 원작자들과 7년 전 전시회를 통해 만나 협력하여 업무를 진행하고 있다. 4년 전부터 개발한 게임도 현재 80% 정도 완성된 상태이다.

픽스코리아만의 장점은 다양한 분야에서 많은 경험을 축적해 왔다는 것이다. 제조, 소프트웨어 개발, 전시 등 다양한 경험을 통해서 노하우를 쌓아 왔다. 현재 원가 대비 이익이 될 수 있는 콘텐츠를 더 많이 확보하기 위해서, 인재를 양성하기 위해서 직원들 교육에 힘을 쓰고 있다.

⁑ 3. 전시의 꽃 부스 설치 아웃소싱

픽스코리아는 전시 부스 설치 업무를 아웃소싱하고 있다. 전시의 콘셉트에 맞춰 부스 디자인에서부터 설치까지 아웃소싱 업체가 담당하고 있다. 업무 수행 과정은 우선 픽스코리아가 직원들 전체가 참여하는 회의를 통해서 자체적으로 콘셉트를 정한다.

이때 아웃소싱에 관련된 예산도 고려한다. 이 회의는 담당 이사가 실무적으로 총괄하여 추진한다. 콘셉트가 결정되면 담당 직원이 업체의 디자이너와 설치 기사들을 만나서 협의를 하고, 최종 결과물인 부스를 설치한다.

업체를 선정할 때는 일단 전시 콘셉트에 대해서 여러 업체한테 전달한 후에 콘셉트에 대한 업체들의 생각과 방안을 들어본다.

그 가운데에서 적절한 방안을 제시한 업체를 실무자 3∼4명이 회의를 거쳐서 선정한다. 대개 아웃소싱을 하려는 업체들이 그러하듯 픽스코리아도 비용적인 효율성을 고려해서 아웃소싱을 선택하게 되었다.

전체 업무에서 아웃소싱이 차지하는 비중은 50% 정도이며, 이 중에서 전시 부스 관련 아웃소싱이 약 50% 정도이다. 부스 장치는 소재나 디자인에 대해 전문 지식을 갖춘 업체가 있기 때문에 자체적으로 인력을 고용해야 할 필요성을 굳이 느끼지 않고 있다.

행사 기간에 맞춰서 부스 설치만 하는데, 이를 고정 인력으로 해결하려고 한다면 그 비용이 만만치 않을뿐더러 인력의 활용 면에서도 비효율적이다.

현장의 부스 설치는 아웃소싱 업체에서 전적으로 책임진다. 픽스코리아는 부스 설치의 진행 상황 등을 관리한다. 실무 담당자가 당일의 아웃소싱에 대한 평가나 변경 사항을 체크해서 일일업무보고를 올리면, 이를 토대로 아웃소싱 업체를 자체적으로 평가하기도 한다.

아웃소싱 업체명은 '넥스디자인플래닝'으로 일처리가 매우 명확한 회사로 정평이 나 있다. 업계의 지인한테서 소개를 받았다. 이 업체와 관계를 맺은 지 오래되지는 않았지만, 일정 관리도 정확하고 비용도 적절해서 굉장히 만족해하고 있다. '넥스디자인플래닝'과의 작업은 현재까지 별다른 불만사항 없이 진행되고 있다.

픽스코리아는 아웃소싱 계약을 프로젝트별로 맺고 있다. 계약서에 기간에 대한 명기가 없더라도 큰 문제가 발생하지 않았을 때에는 계약을 지속적으로 맺는다는 암묵적인 동의가 있어 계약을 그대로 진행하고 있다. 비용은 일반적인 단가를 기준으로 산정된다. 인건비도 일부 산정되며, 설치비, 자재비, 디자인비 등의 복합적인 비용도 평균적인 가격이 정해져 있다.

업체 결정은 해당 업체가 얼마나 책임감을 가지고 있느냐에 따라서 결정된다. 일을 진행함에 있어서 주인의식을 갖고서 스케줄을 철저히 지키면서 피드백도 바로 할 수 있는 태도가 중요하다.

비용적인 측면도 조금은 고려하고 있는데, 같은 비용으로 다른 부분을 요구했을 때 충분히 응대할 수 있는 업체를 선호하는 편이다. 픽스코리아는 이러한 조건을 '넥스디자인플래닝'이 잘 갖추고 있다고 평가하고 있다.

픽스코리아에는 3명으로 구성된 기획팀 부서가 아웃소싱을 담당하고 관리하고 있다. '넥스디자인플래닝' 쪽에서는 업체 대표가 픽스코리아를 전적으로 담당하고 있다. 이 점도 '넥스디자인플래닝'을 신뢰하는 부분 중에 하나인데, 실질적인 결정권자인 오너와 실무 아트디렉터가 같이 움직이기 때문에 핵심 포인트를 정확하게 확인하고 협의할 수 있다.

또한 의사 결정이 즉각적으로 반영되기 때문에 행정적인 절차를 간소화하여 시간을 단축할 수 있다.

❧ 4. 아웃소싱 업체DB의 성공노하우

대체적으로 내부에서는 아웃소싱에 대해 만족하는 편이고, 외부적으로도 상당히 평가가 좋다. 재정적인 매출 효과도 있다고 볼 수 있고, 인력 대체 효과도 매우 크다고 할 수 있다.

만약 픽스코리아가 직접 부스를 설치했다면, 설치비는 아웃소싱했을 때와 비슷한 비용이 소요될 것이지만, 양질의 부스가 설치됐을 거라는 보장을 할 수가 없었을 것이다. 하지만 아웃소싱 업체에

는 많은 경험을 아트디렉터들이 있기 때문에 부스의 질적인 면을 항상 담보해 주고 있다.

부스 설치에서는 아트디렉터가 중요한데, 아웃소싱 업체를 통해서 구미에 맞는 아트디렉터를 고를 수 있다는 점도 큰 장점이다.

픽스코리아만의 아웃소싱 성공 노하우라면 풍부한 **DB**를 통해서 업무 특성에 맞는 파트너들을 적절하게 선정해서 활용하는 데 있다.

또한 인적 네트워크를 통해서 다른 업체보다 더 좋은 아이디어를 더 빨리 제공할 수도 있다. 또한 이메일이나 업무일지를 통해서 대표가 직접 업무 진행사항을 확인하여 필요한 부분을 적절히 지적하고 수정하는 점도 노하우로 작용하고 있다.

픽스코리아는 아웃소싱 업체한테 유용한 정보를 제공하기도 하는데, 국내 업체들이 해외의 사정에 밝지가 않기 때문에 해외의 사례들을 중점으로 제공한다. 경험과 기술이 풍부한 업체한테는 해외 진출을 제안하기도 하는데, 업무상의 관계로만 끝나는 게 아니라 서로 협력할 수 있는 일을 모색하고 있는 것이다.

아웃소싱 업무를 진행하던 초기에는 비용 때문에 약간의 문제가 있었다. 픽스코리아에서는 낮은 비용을 제시했고, 아웃소싱 업체에서는 높은 비용을 요구했기 때문이다.

이러한 문제에 대한 대처방안으로 픽스코리아는 실질적인 비용과 마지노선 비용을 아웃소싱 업체한테 모두 공개하면서 괜한 오해가 생기지 않도록 하였다. 이를 토대로 적절한 수준에서 비용문제를 합의할 수 있었고, 이후 같은 문제는 반복되지 않았다.

이 일로 아웃소싱에서 가장 중요한 것이 서로의 입장을 이해해 줄 수 있는 신뢰임을 확인하는 계기가 되었고, 이후에 픽스코리아는 아웃소싱을 추진함에 있어서 신뢰를 전제로 하고 있다.

픽스코리아는 게임이나 애니메이션 분야에서 아웃소싱을 도입할 계획을 갖고 있다. 내부적으로 계획만 철저하게 준비했다면, 보통 아웃소싱을 시행하고 있다. 픽스코리아는 그동안 아웃소싱을 진행하면서 독자적으로 위험부담을 안고 가는 것보다 여러 업체와 공동으로 진행하면서 위험부담을 줄이는 것이 서로에게 유리하다는 것을 알게 되었다고 한다.

픽스코리아는 아웃소싱 업체들이 다양한 계획과 콘셉트를 가지고 일을 진행했으면 하는 아쉬움을 갖고 있다. 일부 아웃소싱 업체는 시대의 유행을 따른다고 획일화된 콘셉트만을 고집하는 경우도 있다.

이것은 오히려 단점이 될 수 있다. 유행은 금세 변하기 때문에 그 업체는 순간 철지났다는 소리를 듣게 될 것이다. 즉 유행을 따라가는 업체가 될 것이 아니라 유행을 선도할 수 있는 업체가 돼야 할 것이다.

정부에서 아웃소싱 업체에 대한 정보를 제공하면, 유용하게 활용될 것이다. 단순하게 업체들을 나열해서 소개하는 것에 머물게 아니라 업체들의 구체적인 실적을 공개해야 할 것이다.

그리고 아웃소싱 수요업체들의 평가를 점수화해서 공개하는 것도 좋은 방안이 될 수 있을 것이다. 이렇게 되면 업체들 간의 선의의 경쟁도 유발할 수 있을 것이다. 픽스코리아는 좋은 아웃소싱 업체들이 많이 생겨서 협력과 경쟁을 통해 서로의 발전을 도모할 수 있길 희망하고 있다.

아웃소싱 공급업체의 의견

〖 아웃소싱 성과 〗

픽스코리아의 지식기반 서비스 강화농수산브랜드개발능력, 디자인마케팅의 노하우와 넥스디자인플래닝의 강화브랜드 홍보관에 맞는 전시디자인 및 전시기획 및 설계 및 감리까지 양 사의 강점을 살려 성공적인 강화브랜드홍보관을 진행. 따라서 강화군은 차별화된 강화브랜드 이미지 형성 및 농수산물 간 시너지 효과 및 제품경쟁력 확보 및 홍보를 할 수 있었음

〖 아웃소싱 활성화를 위한 기업적/정책적 기대사항 〗

지식서비스를 제공하는 콘텐츠 위주의 업체와 전시디자인 및 환경디자인을 전문으로 하는 회사와 아웃소싱을 활성화한다면 상호 이익과 매출증대에 크게 도움이 될 것으로 기대됨. 정책적으로 지식기반 콘텐츠 소프트웨어업체와 디자인 및 설계 장치의 하드웨어적인 업체를 연결할 수 있는 네트워크의 정책적인 지원이 필요

〖 회사 소개 〗

"New Exhibition & Display Solutions"
넥스디자인플래닝(주)은 전시 컨벤션 및 환경디자인, 홍보관 등 전시기획 및 공간디자인을 전문으로 하는 회사로 전시프로젝트 및 전시공간디자인의 다년간 수행경험 및 축척된 노하우로 새로운 공간을 창조하고 디자인하는 전시전문 디자인 회사임
전문전시장 COEX, KINTEX, BEXCO 등 지정협력업체로 등록되어 있으며 2008년 지식경제부 전시사업자 등록 및 한국디자인진흥원의 산업디자인전문 회사(환경디자인)로 등록

가족 중심의 휴양지로

:: GCS plus(주)와 서브원

1. Value no.1

2. 가족 중심의 편안한 시설로

3. 효율성과 전문성의 확보, 그리고 비용 절감

4. 서비스의 고급화를 위한 숙제

구분	발주사
	GCS plus(주)
업체명	
주요 업종	숙박, 골프, 스키장
대표명	김갑렬
주소	강원도 춘천시 남산면 백양리 291-1 GS건설(주)
홈페이지	www.elysian.co.kr
요약	아웃소싱업체인 서브원에서 리조트의 시설, 환경, 통신 등 관련 분야에 적합한 사람을 파견하고 책임관리, 업무교육 하는 형태로 운영

➤ 1. Value no.1

'뒤돌아보면 그리운 사
람이 있습니다. 가슴 뛰는
추억과 눈부신 자연이 있
습니다. 가슴 뛰는 추억과

눈부신 자연…….' 어느 안내책자에 그려진 아름다운 풍경을 노래
하는 '강촌연가'의 일부분이다. 자연과 사람이 어울릴 수 있는 공
간에서 가족들이 서로를 향해 웃음 지을 수 있는 곳. 바로 강촌리
조트가 바라고 그리는 공간의 풍경이다.

GS건설은 사업의 다각화를 위해서 강촌리조트, 제주 엘리시안
CC, 사천 골프장(조성 중)을 개발한다. 사업의 다각화를 모색하기

위한 사업의 일환이지만, 건설산업과 서비스산업이라는 분야의 차이로 인해서 전문화를 꾀하기 어렵다는 판단을 내린다. 리조트 운영과 같이 서비스 분야를 전문으로 하는 기업이 필요하다는 것을 인식하게 되었고, 이런 이유로 설립된 회사가 바로 GCS Plus이다.

GCS Plus의 GCS는 Golf, Condo, Ski의 첫 글자를 의미한다. 즉 종합 리조트 운영을 위한 선두 주자가 되고자 하는 바람에서 회사명을 이렇게 만들었고, GS건설이 조성하는 모든 리조트를 운영하려는 목적으로 2007년 4월에 설립됐다.

GCS Plus는 일반적인 계열사와 달리 GS그룹에서 완전 분리된 독립법인으로 현재 박진규 대표가 전문 CEO로 있다. 그래도 GS그룹과 운영의 기본 방향은 크게 다르지 않다.

GS그룹은 'Value no.1'을 지향하고 있다. 고객만족을 최고의 사명으로 생활 속의 동반자, 임직원의 꿈과 이상을 실현하는 보람된 일터, 투명한 경영과 탁월한 성과로 인정받는 기업시민을 지향하고 있으며 신뢰와 사랑 속에 최고의 가치를 창출하고자 하는 기업정신을 반영하는 것이 바로 'Value no.1'의 정신이다.

이와 더불어 GCS Plus는 인화·단결을 강조하고 있다. 서비스업은 고객인 사람을 대하는 사업이다. 고객을 정성으로 대하기 위해서는 내부적인 분위기 역시 중요하기 때문에 인화와 단결을 가장 중요하게 여기고 있다.

GCS Plus는 리조트를 운영하고 관리하는 서비스업이다. 리조트업의 특성상 GCS Plus라는 이름으로 내세우는 운영 노하우를 가지기보다는 서로 처해 있는 특성에 따라 각각 다른 운영 전략을 모색하고 있다. 어떠한 테마를 가지고 어디에 위치해 있으며, 누구를 대상으로 하느냐에 따라 지향하는 바가 다르기 때문에 GCS Plus 만의 노하우로 내세울 수 있는 것은 찾기 어렵다는 입장이다.

다만 서비스업이 지향하는 궁극적인 목표는 고객 우선이며, 이는 모든 리조트 운영 회사들이 가지는 공동의 목표라는 점을 강조하고 있다. 이러한 점은 각각의 리조트들이 자신들만의 특색을 최대한 살릴 수 있는 장점이 되고 있다.

GCS Plus의 주력 사업 분야인 강촌리조트*는 가족 단위의 고객을 위한 시설물들을 배치하고 분위기를 조성해서, 부담 없이 찾아와서 편하게 쉬고 갈 수 있다는 특색을 최대한 살리고 있다. 가족 휴양지로 명성을 얻는 것이 강촌리조트의 큰 목표이자 경영전략인 것이다.

🎗 2. 가족 중심의 편안한 시설로

강촌리조트는 1997년 골프장 개장을 시작으로 2002년 콘도 오픈, 2003년 스키장을 오픈하면서 종합 리조트의 구색을 갖추게 됐다. 스키장이 제일 늦게 개장됐지만, 수도권과 가까운 거리로, 특히 기차를 타고 올 수 있는 몇 안 되는 스키장이다 보니 스키를 즐기는 많은 사람들이 방문하고 있다.

이로 인해 현재는 스키장이라는 이미지가 가장 크게 부각되고 있는데, 서울에서 강촌역까지 1시간 20~30분 정도 소요되는 짧은

---

* 본문은 GCS plus의 대표적인 사업 분야로 성장하고 있는 강촌리조트를 중심으로 작성되었음.

거리와 7년 동안 무료셔틀버스 운영 등으로 고객 유치를 위한 노력을 기울인 결과이다. 이러한 노력은 메이저급 스키장에 비해 길이나 규모가 소규모에 속하지만 강촌리조트가 스키로 유명해지는 결과로 작용했다.

강촌리조트의 초창기에는 GCS Plus의 주력 사업 분야가 아니었다. 하지만 최근에 괄목할 만한 성장을 이루어 냈고, 앞으로의 전망 또한 장밋빛 청사진을 제시하고 있어서 GCC Plus에서는 든든한 지원을 해 주고 있다. 업계의 선두 주자들을 뒤쫓고 있는 강촌리조트의 발걸음이 더 힘차게 분주해질 수밖에 없는 이유이다.

현재 GCS Plus의 주력 사업 영역인 강촌리조트에 상주하는 직원은 총 300여 명 정도이다. 이 중 정식직원이 190명, 외주 및 아르바이트 직원이 110명 정도로 리조트 운영 인력으로 큰 규모는 아니다. 하지만 연 방문인원(춘천시 산정 기준) 100만 명을 돌파할 정도로 운영 상황은 매우 양호한 편이다.

리조트 산업은 가전, 화장품, 화학 등 다른 일반 생산 업종과 달리 업체 간 경쟁이 적은 편이다. 객실 수, 슬로프 면적, 시설 등이 모두 눈에 드러나 있기 때문에 소비자들은 업체의 정보를 미리 파악하고 검토한 후에 업체를 선정한다.

이렇게 드러나 있는 경쟁 요소만으로는 적극적인 고객 공략 전략을 펼칠 수 없다. 그렇기 때문에 강촌리조트는 특화된 경영전략으로 '가족 휴양 공간'을 전면에 내세웠고, 강촌리조트의 미래도 '가족 휴양 공간'이라는 전략에 달려 있다고 할 수 있다.

가족 휴양 공간의 일환으로, 강촌리조트는 검봉산(약 600미터) 정상을 거치는 등산로를 장애인이나 유모차가 쉽게 올라갈 수 있는 산책로로 조성할 예정이다. 일반적인 등산로를 만들면 산을 좋아하는 특정 계층만 찾기 때문에 남녀노소 누구나 즐길 수 있는 공간을 목적으로 조성하고 있는 것이다.

개별 식물에 대한 작은 입간판 설치 등과 같은 작은 부분에까지 신경을 쓰고, 테마 공간(휴식처, 운동기구 등)을 비롯한 전망대도 설치할 것이다. 전망대에서는 강촌리조트 주변의 아름다운 경관을 쉽게 보게 함으로써 강촌리조트에 대한 이미지 제고와 함께 편안하게 찾을 수 있도록 할 것이다.

방문해서 편안하고 쉽게 쉴 수 있는 시설물의 조성은 지속적인 고객으로 확보하고자 하는 의미에서 계획된 사업이다. 현재 국유림과 협약식이 끝난 상태이며, 곧 공사가 시작될 예정이다.

골프장 역시 '가족 휴양 공간'이라는 전략으로 운영되고 있다. 성인, 특히 특정 계층이 즐기는 게 아니라 가족들이 함께할 수 있는 퍼블릭 코스로 운영되고 있다. 곧 가족들이 즐길 수 있는 스파

시설도 들어설 계획이다.

강촌리조트는 2009년 경춘선과 2010년 복선열차 완공이라는 호재를 갖고 있다. 그간 강촌리조트는 주말이면 혼잡해지는 도로가 큰 문제점이었다. 현재도 일요일에는 서울로 가는 길이 많이 막히는 편이다. 하지만 교통 시설의 완공은 수도권과의 접근성을 훨씬 높여줄 뿐만 아니라 강촌리조트의 단점도 보완해 줄 수 있다. 실제 강촌리조트의 콘도 객실 수는 222실로 많은 편이 아니다. 따라서 숙박 위주의 고객들을 전부 관리하는 데 애로사항이 많았다. 하지만 편리한 교통으로 접근성이 좋아진다면, 하루 단위로 쉽게 강촌리조트를 찾을 수 있을 것이다. 강촌리조트는 이에 대한 대비를 철저히 하고 있다. 그래서 스키나 골프, 콘도 등을 이용하지 않더라도 가족 단위로 짧은 시간 동안 강촌리조트를 쉽고, 편하게 찾을 수 있도록 만든다는 계획이다.

≋ 3. 효율성과 전문성의 확보, 그리고 비용 절감

고객 만족을 위한 다양한 사업을 펼치고 있는 강촌리조트는 다양한 분야에서 아웃소싱을 실시하고 있다. 하지만, 고객을 직접 응대하는 서비스 분야만큼은 정식 직원들이 전담하고 있다. 강촌리조트는 서비스 분야를 제외한 대부분의 시설 관리 분야를 아웃소싱하고 있는 것이다. 고객을 직접 응대하는 분야는 업무의 특성상 친절이 매우 중요하기 때문에 상대적으로 높은 애사심을 기대할 수 있는 정규직원들이 맡고 있고, 시설 운영·관리와 같이 고객과 직접적인 연관이 없는 분야는 아웃소싱을 하고 있다. 이것은 직원들이 고객 서비스를 전담함으로써 서비스의 질을 높이고, 직원들의 업무 부담을 줄여주는 효과가 있다. 또한 시설의 운영과 관리에 대한 전문 인력을 쉽게 확보할 수 있다.

현재 아웃소싱 주력 분야는 강촌리조트 시설을 총체적으로 관리하는 팀이다. 시설 분야는 전기, 환경, 용선, 통신, 난방 등 여러 분야가 있는데, 이를 전체적으로 포괄하여 관리·운용하는 시설 팀이 주요 아웃소싱 분야이다.

처음에 각 분야 팀장은 강촌리조트 직원이 맡았고, 그 외는 용역회사를 통한 계약직 직원을 뽑아서 운영했다. 이러한 방식에는 단점이 있었다. 정규 직원인 팀장이 각각의 분야에 대한 전문성이 떨어졌고, 그 때문에 파견 직원들을 단순하게 관리하는 역할밖에 하지 못했다. 업무의 효율성과 전문성이 떨어지는 것은 당연한 일이었다.

이에 강촌리조트의 시설 운용·관리를 아웃소싱 공급업체한테 맡기고, 총무부에서 아웃소싱 공급업체를 총괄 관리하는 체제로 변화한다. 시설 운용·관리에 대한 아웃소싱이 업무의 효율성과 전문성을 확보하는 데에 더 유리하다고 판단한 것이다.

아웃소싱을 실시할 때에는 비용이 크게 작용한다. 강촌리조트에서는 인건비와 복리후생 등이 포함된 비용 절감을 중요하게 생각하고 있다. 서비스업종인 리조트 운영 사업은 기술력이 크게 작용하지 않는다. 제조업처럼 새로운 기술과 이로 인한 신제품을 생산하는 체계가 아니다. 즉 기술력이 중요한 게 아니라 시설을 관리하고 운용하는 전문성이 중요한 것이다. 물론 기술력이 필요한 부분도 있지만, 대개는 경험으로 해결이 가능하다. 더 구체적으로 얘기하자면, 전문성을 갖춘 인력이 필요하다. 이처럼 전문 인력을 통한 시설 관리 업무 등에는 비용 절감 효과를 위해서 아웃소싱 공급업체에 위탁하고 있다.

아웃소싱 공급업체에 대한 관리는 총무부 담당자 한 명이 모두 맡고 있다. 담당자 한 명으로도 가능한 이유는 각 분야의 책임 관리자가 모두 아웃소싱 업체에서 파견되었기 때문이다. 강촌리조트의 담당자와 공급업체의 책임 관리자 사이의 업무적 소통만으로도 관리, 감독이 충분히 가능한 체계가 만들어져 있는 것이다. 계약은 아웃소싱이 관련된 매뉴얼대로 1년 단위로 갱신하고 있으며, 별다른 문제점이 발생하지 않는다면 재계약하는 것이 원칙이다.

아웃소싱 공급업체 선정은 공개 입찰 방식으로 하고 있다. 입찰 방식을 통해서, 현재는 '서브원'이라는 업체에서 아웃소싱을 공급하고 있다. 입찰부터 계약까지 모두 관리 매뉴얼에 따라 실시되고 있으며, 공급업체의 심사와 재계약에 관련된 모든 사항도 기록으로 남겨 놓고 있다. 이는 공급업체 선정에 대한 방식을 체계적으로 관리하면서도 업체 선정에 대한 투명성도 확보한 것이다.

'서브원' 같은 경우는 소장 1인을 포함해서 총 18명이 GCS Plus 시설관리 부서에 파견되어 있다. 시설, 환경, 통신 등 관련 분야에 경력 및 자격 사항을 '서브원'에 요청하면, 자격요건에 맞는 사람을 파견하고, 책임 관리자인 소장이 기본적인 업무 교육과 관리를 책임지는 형태로 운영된다.

어떤 분야를 아웃소싱하느냐에 따라서 그 기준은 조금씩 달라지게 마련이다. 강촌리조트는 업체 선정을 할 때 비용을 가장 우선시했다. 어떤 기업이든 아웃소싱을 하는 이유는 비용 절감이 가장 큰 이유일 것이다. 두 번째가 전문성이다. 리조트 시설 관리는 일반 오피스나 빌딩 관리와는 다르기 때문에 리조트 관리 경험을 중요하게 생각하고 있다. 이러한 경험을 바탕으로 축적된 전문성에 높은 점수를 주고 있다.

아웃소싱 공급업체와의 계약은 해마다 이루어지고 있으며, 이를 갱신할 때의 비용 산정은, 시장조사를 통해 이루어지고 있다. 사업 분야별 동일 비용책정을 위해 가격은 GCS Plus의 기준으로 결정된다. 그리고 인건비 등과 같은 부대비용은 아웃소싱 공급업체와의 협의를 통해서 결정된다.

아웃소싱의 최초 제안자는 특별히 누구라고 명명하기 어렵다. 회사의 경영전략상 자연스럽게 아웃소싱을 하게 됐는데, 그 계기는 2003년 전후이다. 국내 리조트 업체들이 효율적인 관리를 위해 시

설관리 분야와 같은 비서비스 분야를 아웃소싱하기 시작했고, 강촌리조트도 이를 벤치마킹하게 된 것이다. 그러나 스키 리프트만큼은 다르다. 리프트는 고객의 안전과 직결되고, 무엇보다 책임감이 우선시되는 시설물이기 때문에 스포츠운영팀에서 정규 직원이 직접 관리하고 있다.

강촌리조트에서 하고 있는 아웃소싱에 대해서 경영진이나 직원들은 대체로 만족하고 있다. 기본적으로 시설 관리 분야가 매우 세부적으로 나뉘고 너무 방대하기 때문에 이를 모두 완벽하게 관리하는 게 쉽지 않은 일임을 강촌리조트에서도 인정하고 있다. 따라서 어느 정도의 적정선에서 관리가 되고 있다면 문제 삼지 않는다. 실제로도 아웃소싱 공급업체들이 적정선 이상을 해 주고 판단하고 있다. 그와 더불어 부대비용(인건비 외의 복리후생 등) 등의 비용 절감 효과를 보고 있다.

시설 운용·관리를 직접 관리하는 게 더 업무적으로 효율적이지 않느냐는 시각도 있긴 하지만, 경험을 축적하고 있는 전문 인력들을 충원하는 데에는 오히려 큰 애로가 있다. 위에서 얘기했듯 리조트 운영은 방대하기 때문에 언제 어디서 어떤 인력이 필요할지 모를 경우가 허다하다. 또한 항시적인 게 아니라 일시적으로만 인력이 필요한 경우도 있다. 업체 입장에서 이러한 인력들을 수시로 충원했다가 감원하는 것은 불가능한 일이다. 그러나 전문 인력 수급의 문제를 전문 업체한테 맡김으로써 원하는 경력이나 자격 요건을 갖춘 인력들을 더 쉽게 적재적소에 배치할 수 있게 됐다.

'서브원'이라는 업체가 아웃소싱 공급업체로 선정된 이유 중 하나가 바로 여기에 있다. '서브원'은 강촌리조트 측에서 원하는 전문 인력들을 적재에 공급할 수 있기 때문이다. 이는 시설관리 측면에서 봤을 때 장점으로 작용하고 있다.

강촌리조트의 아웃소싱은 큰 문제나 잡음 없이 현재까지 원활하게 진행되고 있다. 기본적으로 서비스업 자체가 사람을 상대하는 업종이기도 하거니와 강촌리조트 직원이나 아웃소싱 공급업체 직원 모두 강촌리조트의 성장에 대해서 책임감을 갖고서 돈독하고 끈끈한 유대감으로 단합되어 있기 때문일 것이다. 강촌리조트는 앞으로 아웃소싱 공급업체를 늘릴 계획은 없다. 현재보다 공급업체가 늘어나면, 아웃소싱을 관리하는 부서를 만들어야 하는 부담이 있다.

⠿ 4. 서비스의 고급화를 위한 숙제

GCS Plus에서는 아웃소싱이 큰 문제없이 진행되고 있지만, 한 가지 문제점에 대해서 해결 방안을 고심하고 있다.

아웃소싱으로 인해서 사고가 발생하는 경우이다. 강촌리조트는 서비스를 기본으로 하는 업체이기 때문에 고객의 평판에 의해서 매출이 결정된다. 불미스러운 사고에 의해서 고객의 평판이 나빠지면, 바로 매출에 타격을 입게 된다. 현재는 사고를 일으킨 업체한테 나중에 페널티를 주고 있는데, 이것은 소 잃고 외양간 고치기식의 대응일 수밖에 없다.

따라서 이런 점들을 사전에 차단할 수 있는 방지책이 필요하다고 보고 있다. 물론 사고를 미연에 방지할 수 있는 교육프로그램을 운영하고 있지만, 문제가 발생할 때 책임 소재를 명확히 하는 것도 방법이라 생각하고 있다.

기존의 매뉴얼에는 문제가 발생할 때마다 벌점을 주고 이를 합산하여 청구금액에서 가감하는 방식이었으나, 기업과 기업 간의 관계 특성상 패널티를 곧이곧대로 적용하기는 어려운 일이다. 또한 공급업체에 대한 인사와 관련된 간섭조항 역시 존재하지 않는 한계도 가지고 있다.

아웃소싱을 고려하는 기업들에 가장 해 주고 싶은 조언은, 업체 선정이 가장 중요하므로 신중에 신중을 기하라는 것이다. 특히 거래를 하기에 적당한 규모를 가지고 있는가, 수요업체의 입장을 잘 이해할 수 있는 공급업체인가, 일을 적합하게 처리하는가 등을 꼼꼼히 따져봐야 할 것이다.

GCS Plus에서는 정책적으로는 아웃소싱 공급업체에 지불되는 비용에 대한 투명한 정산 처리를 법률적이나 제도적으로 명시하길 바라고 있다. 만약 원하지 않는 재하청이 이루어질 경우 질적인 저하를 막을 수 없기 때문이다. 재하청을 통해 얻은 이익은 애초부터 고객의 몫이자, 고객의 서비스를 위한 몫이다.

내부 역량 강화를 통한 아웃소싱

7.

:: 한솔교육과 솔트앤페퍼

1. 성장의 신화를 만들어 온 한솔교육

2. 시장의 변화에 대비하는 한솔

3. 내부 역량 강화를 통한 아웃소싱

4. 아웃소싱에 대한 열린 마음은 성공의 지름길

5. 성공적인 아웃소싱을 위해서

구분	발주사	공급업체
업체명	한솔교육	솔트앤페퍼
주요 업종	교육서비스 사업	출판디자인
대표명	변재용	
주소	서울시 마포구 공덕동 252-5 태영빌딩 (주)한솔교육	서울시 강남구 논현동 61-12 정진빌딩 2F
홈페이지	www.eduhansol.co.kr	www.salt2001.com
요약	솔트앤페퍼에서 한솔교육 북스북스 시리즈의 출판 디자인을 담당, 유아 전문 잡지의 콘셉트에 맞도록 디자인 설계 및 출판 적용	

※ 1. 성장의 신화를 만들어 온 한솔교육

한솔교육은 1982년 현재의 대표이사 변재용에 의하여 설립된 영재수학교육연구회가 모태가 된다. 지역사업 중심인 일일학습지 '모범수학'을 필두로 시장을 확보해 나갔고, 그 후 1991년 한솔출판으로 사명을 변경한다. 이때 유아를 대상으로 한 '신기한 한글나라'가 대히트를 하면서 성장의 발판을 마련하게 된다. 그리고 1999년에 현재의 한솔교육으로 사명을 변경한 뒤, 지금에 이르고 있다. 91년 한솔출판이었던 초창기와 비교해 보면 현재의 매출은 1,000배 가까이 성장했다. 업계에서는 신화라는 말을 무색하게 할 정도로 고속 성장을 한 것이다.

한솔교육은 아이들을 위한 교육, 출판, 문화, 미디어 사업을 하고 있다. 주요 대상고객은 유아부터 아동(초등)이며, 최근에는 청소년과 성인으로까지 그 폭을 넓혀 가고 있다. 회사의 직원 수는 정규직만 1,300여 명이며, 6,000여 명의 계약직은 학습지 방문교사가 주를 이루고 있다.

지금의 R&D센터가 파주출판단지로 입주한 것은 3년 여 정도 되었으며, 초창기 마포에 위치하였던 본사는 2005년 상암 DMC 단지로 이전했고, 전국적으로 각 지점들이 퍼져 있다. 파주출판단지로 입주한 후, 근무환경은 이전에 비해 훨씬 쾌적해졌으나 교통이 불편한 것이 흠이었다. 이러한 결점은 단독으로 출퇴근 버스를 운영함으로써 보완하고 있다.

주요 매출을 차지하는 것은 방문학습사업이다. 한솔교육 성공의 주요 동력이 된 '신기한 한글나라'와 수학나라, 영어나라와 더불어 초등생 독서토론 프로그램인 주니어 플라톤을 운영하고 있다. 또 학원사업도 병행하고 있는데, 초등학생들을 대상으로 한 영어 및 사고력을 길러주는 학원으로, 대부분 프랜차이즈 형태로 운영된다. 해당 분야에서는 단연 독보적인 존재라고 할 수 있겠다.

현재의 한솔교육의 매출은 내수가 대부분을 차지하고 있다. 법인을 통해서 중국 사업을 운영하고 있으나 아직까지는 미미한 수준이다. 그 내용을 살펴보면 콘텐츠를 라이선싱 판매하는 사업, 중국 상해에서는 사고력 학원 운영, 수학학습지 공급 사업을 하고 있다. 또한 북경에서는 중국에서 대학을 가고자 하는 한국 학생을 대상으로 한 학원사업을 하고 있다. 한솔교육이 중국에 진출한 지 10여 년이 되었다. 지속적인 관심을 갖고 앞으로 사업을 더욱 확대할 계획이다.

교육 출판 분야에서 5대 메이저라고 하면 교원, 대교, 재능, 웅진, 한솔을 들 수 있다. 이 빅5 기업들의 매출액은 몇 천 억대이다. 한솔교육의 경우 3,000억 가까이 된다.

▶ 2. 시장의 변화에 대비하는 한솔

한솔교육의 매출 중 방문학습사업(교재판매 및 교육수입)이 90%를 차지하고 있을 정도로 크다. 앞으로 방문학습사업 외의 분야에 매출을 늘릴 계획이고, 사업방향과 경영전략도 이 부분에 초점이 맞춰져 있다. 이러한 변화의 큰 이유는 현재의 국내 시장에 기인한다.

현재 학습지는 시장 자체가 정체되어 있는 상황이다. 출산 인구의 감소로 아동을 대상으로 하는 시장 자체가 양적으로 크게 줄어들고 있는 것이다. 또한 사회구조 자체가 점차 양극화되어 감에 따라 중가시장 형성이 어려워지고 있다. 그동안 한솔교육은 중가에 속하는 제품군에 치중해 왔다.

시장 규모의 축소와 중가시장의 쇠퇴로 인해서 한솔교육은 성장 동력을 다른 곳에서 찾게 된다. 아동으로 국한했던 소비층을 점차 확대하고, 기존의 콘텐츠와 함께 고급화된 콘텐츠를 개발해야 한다는 필요성을 느낀 것이다.

이러한 전략의 일환으로, 한솔교육은 학원사업을 확대하려 하고 있다. 특히 특화된 교육 시장을 주목하고 있다. 특화된 교육 시장은 대체로 고부가가치를 가지고 있기 때문이다. 현재 시니어를 대상으로 하는 콘텐츠를 개발 중인데, 이는 평균 수명이 길어지고 경제력을 가진 실버층이 늘어나고 있는 상황에 대비하려는 것이다. 이처럼 한솔교육은 시장의 변화에 발 빠르게 대비하고 있다.

한솔교육의 계열사로, 어린이를 위한 공간 연출과 교육용 완구 전문브랜드인 '툴스아이'가 있으며, 인수 합병을 통한 중국어학원 '차이나로'와 동숭동에 위치한 어린이 전용 문화 공간 '원더스페이스'가 있다.

온라인 사업으로는 어린이를 위한 온라인 사이트 어린이 포털 유아 전용 '재미나라', 초등전용 '퍼니똑'이 있다. 또한 본사로부터 분사해서 유치원에 교재를 공급하는 '한솔디케이' 등이 있는데 이 회사는 유치원에 교재를 공급하는 사업도 하고 있다. 한솔교육의 사업 부문은 아이들을 위한 교육, 출판, 문화, 미디어를 총망라한다고 볼

수 있다. 이제는 온라인과 오프라인을 병행하는 방법으로 옮겨가고 있다.

한솔교육이 제시하는 비전은 어린이들을 위한 최고의 교육, 출판, 미디어 환경을 제공해 주는 것이다. '고객과 함께 신뢰를 바탕으로 최고에 도전한다는 것'을 내세우면서, "지구인재가 자라고 있는 나라"라는 슬로건으로 부각시키고 있다.

⫸ 3. 내부 역량 강화를 통한 아웃소싱

한솔교육에서 아웃소싱은 굉장히 폭넓게 이루어지고 있다. 그중에서 많은 부분은 콘텐츠 제작 및 개발 관련 분야이다. 한솔교육에서는 다양한 책이나 교구 등을 만들어서 고객에게 공급을 하기 때문에 이러한 분야에 대해서는 100% 아웃소싱으로 진행되고 있다.

일반적으로 콘텐츠 제작 분야는 출판사가 인쇄소나 사출공장 등을 소유하고 있지 않기 때문에 아웃소싱이 자연스럽게 이루어지고 있고, 콘텐츠 개발 분야는 프로젝트에 따라 다르지만 기획부터 디자인까지 전체를 아웃소싱 공급업체한테 맡기는 경우도 있다.

현재 한솔교육에 아웃소싱을 공급하는 업체들은 수십 개에 이른다. 제작 협력업체 20여 개, 개발 관련 업체 20여 개가 있다. 이러한 업체들은 거래를 통해서 이미 품질이나 가격대 등이 검증됐기 때문에 좋은 관계를 유지하고 있다. 개발 관련 아웃소싱은 경쟁을 유도하기 위해서 공급업체의 실적이 우수할 경우, 다른 프로젝트를 재발주하고 있다. 경우에 따라서는 특별하게 프로젝트에 맞는 업체를 찾기도 하는데, 예를 들면 역사책 같은 경우는 전문적인 지식이 필요하기 때문에 전문 업체에 맡기게 된다.

아웃소싱 계약의 형태는 프로젝트별로 계약하는 게 일반적이다. 그러나 한 업체에서 여러 프로젝트를 수주하는 경우가 많아서 한 해 동안 수주한 프로젝트의 수로 계산하는 연간 개념이 있기도 하다. 아웃소싱 공급업체 가운데에는 15년 정도를 같이해 온 업체들도 있다.

'솔트앤페퍼'는 한솔교육 개발 관련 아웃소싱의 대표적인 업체로 오랜 디자인 경험을 바탕으로 한솔교육의 기획 방향과 의도를 정확하게 파악하여 아동 교육물에 적합한 디자인을 창조해 내고 있다.

개발 분야에서는 아웃소싱이라는 개념이 처음엔 없었다. 초창기에는 모든 것을 한솔교육 내부에서 해결했으나, 몇몇 프로젝트에서는 전문성의 부족으로 한계를 느낄 때도 있었다. 그 후 몇몇 외부 업체와 거래를 하면서 무리하게 내부에서 모든 것을 처리하는 것보다 외부의 전문 업체들을 이용하는 것도 효율적이라는 인식을 하게 됐다.

이와 같은 인식의 변화는 한솔교육 내에 개발팀이 전담하면서도 일부 프로젝트의 성격에 따라서는 아웃소싱을 하도록 했다. 프로젝트의 특성상 전문성을 요할 경우는 아웃소싱을 추진한다. 아웃소싱 업체가 반대로 기획안을 가지고 올 때도 있는데, 기획안이 적절하다고 판단되면 해당 업체와 아웃소싱 계약을 한다. 또 프로젝트를 진행할 때 인력이 부족할 경우에도 직원을 채용하기보다는 아웃소싱을 하게 된다.

아웃소싱 공급업체는 공개 프레젠테이션을 통해서 선정하는 것이 일반적이다. 또 업체의 이력과 인력 상황, 업계의 평가 등을 고려한다. 선정 조건의 비중에서 제작 분야냐, 개발 분야냐에 따라 조금씩 차이가 나기도 한다. 개발 분야의 경우는 품질이 안 되는 업체는 애초부터 고려 대상으로 삼지 않는다. 품질이 된다고 했을 때 가격을 결정하는 것이지 가격 자체가 결정의 핵심 요인은 아니다. 제작 분야의 경우도 품질이 중요한 것은 마찬가지나, 제작은 워낙 생산단가가 중요하므로 가격에 더 많이 민감하다.

아웃소싱 공급업체를 선정할 때 그동안 작업을 해 왔던 업체들을 통해서 공급업체에 대한 정보를 얻기도 한다. 또한 업계에서 공급업체를 소개받기도 한다.

최초의 아웃소싱 제안은 실무자보다는 프로젝트 또는 부서의 책임자들에 의해서 발의된다. 업체 선정과 업체와의 조율은 실무자들이 맡아 진행하게 된다.

업체를 선정할 때 제작팀에서는 내부협의를 통해서 결정하고 상급자에게 보고한다. 개발팀 역시 실무자들이 진행을 하고 상급자가 결재하는 방식이다. 상급자는 단순히 결재만 하는 것이 아니라 선정 단계에서부터 실무자들과 지속적으로 소통을 한다.

콘텐츠 개발 분야는 공급업체 직원이 내부에서 근무하면서 공동으로 프로젝트를 진행하는 경우도 있다. 공급업체 쪽에서는 일부의 인력을 파견하고, 프로젝트 동안 업무를 수행하고 프로젝트 만료와 함께 끝이 난다. 기민한 의사소통이 필요하고, 일정이 촉박할 경우에는 효율적이다. 그러나 자유롭고 창의적인 것이 필요한 프로젝트에는 적절치 않은 단점이 있다.

아웃소싱 비용 규모는, 연간으로 봤을 때 700~800억 정도이다. 그중에서 콘텐츠 제작이 상당 부분을 차지하고 있다. 아웃소싱 자체가 매출에 큰 영향을 주고 있지는 않다. 하지만 여러 측면에서 효율성이 있기 때문에 지속적으로 하고 있다. 비용 절감, 일정 단축, 품질 증대를 가져왔으며, 인력 충원의 부담도 덜 수 있다. 즉 회사의 경영 구조를 탄탄하게 해 주고 있는 것이다.

한솔교육은 아웃소싱의 만족도를 제작과 개발 모든 분야에서 80% 정도로 보고 있다. 이것은 많은 업체들의 평균 수치로, 한솔교육은 만족도가 더 높은 업체를 찾는 데 노력하고 있다.

한솔교육은 만족스런 공급업체를 찾는다고 해서 아웃소싱에 대한 만족도가 100% 채워지지 않는다는 것을 잘 알고 있다. 아웃소싱으로 인해서 발생된 문제점들이 전부 공급업체 때문에 발생하는 것은 아니기 때문이다.

　때로는 한솔교육이 공급업체 선택에서 신중을 기하지 못했거나 공급업체 관리에 미숙해서 문제가 발생하기도 한다. 뭔가 전달이 안 되거나, 미진해서, 관리가 안 돼서 만족도가 떨어지는 경우는 아웃소싱 공급업체만을 탓할 수 없다. 그래서 아웃소싱 공급업체와의 소통을 원활하게 하면서 공급업체를 이끌 수 있는, 내부 역량 또한 필요한 것이다. 어찌 보면 이것이 가장 중요할 수 있는데, 아웃소싱 수요업체의 역량으로 우수한 업체를 선별할 수 있고 우수한 제품을 생산하도록 이끌 수 있기 때문이다.

　콘텐츠 개발 분야에서 주로 발생하는 문제는 품질이 원했던 것에 못 미칠 때이다. 또한 진행상에서 매끄럽지 않을 때도 있다. 품질이 안 될 때는 여러 차례 시도를 하게 된다. 그래도 원하는 품질이 안 나오면 계약을 해지한다.

　이런 문제뿐만 아니라 일정이 지체되었을 때 보상금에 관한 항목 등에 대해서도 계약서상으로 명시해 놓고 그에 따르고 있다. 때때로 공급업체에서 배상하는 경우도 발생하지만 꼭 비용을 배상하게 하기보다는 다음번에 패널티를 준다든가 하는 방식으로 할 때도 있다. 이러한 문제는 10% 미만으로 발생하고 있다.

　아웃소싱 공급업체의 규모는 작아도 크게 개의치 않는다. 개발은 창의성과 업체의 역량이 중요하기 때문이다. 현재 한솔교육에 개발 분야를 협력하는 업체들은 대부분 10명 이하의 직원이 활동하고 있다.

∰ 4. 아웃소싱에 대한 열린 마음은 성공의 지름길

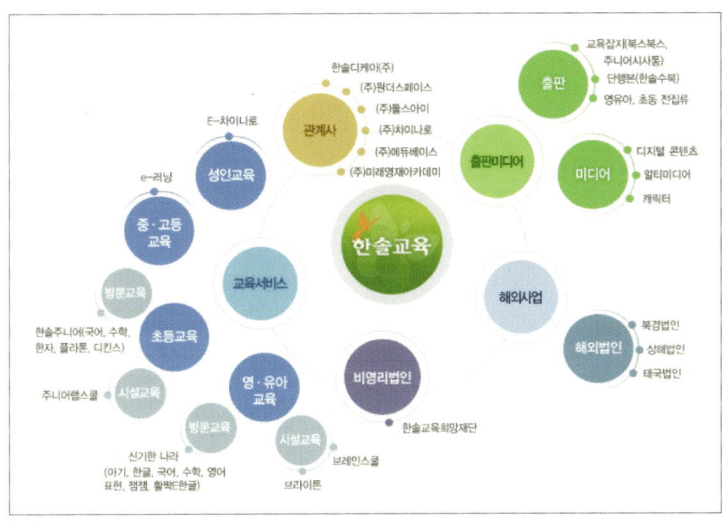

　아웃소싱에 대해서 긍정적으로 판단하고 있는 한솔교육은 아웃소싱을 통해서 여러 차례 성공 사례를 만들어 내기도 했다.

　한솔교육에서 제작팀 직원으로 근무했던 사람이 차린 제작업체에서 최신 기술을 한솔교육에 제안을 했다. 한솔교육은 제안 업체의 일거리를 안정적으로 보장해 줌으로써 그 기술을 국내 최초로 도입할 수 있었다.

　이 방식은 상당한 원가절감을 가져왔고, 그 기술로 인한 사업은 크게 성공할 수 있었다. 해당 직원 또한 한솔교육과의 거래를 통한 경험을 쌓은 후에 완전한 사업체로 독립할 수 있게 됐다. 한솔교육뿐만 아니라 해당 업체도 성공을 이룬, 아웃소싱이 잘 이루어진 예이다.

인쇄에도 새로운 방식을 본격적으로 도입했다. 이전부터 거래하고 있던 업체에서 새로운 인쇄 방식을 제안했고, 한솔교육과 함께 여러 번 테스트를 거친 후 그 방식을 채택했다. 이 방식은 일정을 단축하면서도 품질을 높이는 결과를 가져왔다.

개발 분야에서는 콘텐츠 기획·편집을 하는 업체와 디자인을 하는 업체를 별개로 아웃소싱을 해서 큰 성공을 거두기도 했다. 디자인 업체는 새로 시작하는 업체였기 때문에 의욕적이고 참신한 감각을 가지고 있었다.

결국 그 디자인 업체와 수행한 프로젝트는 히트 상품이 되었고, 한국능률협회에서 주관하는 마케팅대상에서 명품상을 수상하기까지 했다. 해당 분야에서 입에 오르내리는 대표적인 제품으로 국내 유형에는 없던 제품을 탄생시키는 결과를 가져왔다.

▶ 5. 성공적인 아웃소싱을 위해서

기본적으로 아웃소싱 공급업체에 관한 정보가 풍성해야 기업에 도움이 될 수 있을 것이다. 그리고 이것은 상당히 현실적이어야 한다. 다양한 업종에 맞게 다양한 업체의 정보가 있어야 할 것이다. 디자인이 같은 경우가 굉장히 다양하기 때문에 사업 영역별로 특화된, 현실적으로 도움이 될 수 있는 업체들이어야 할 것이다.

아웃소싱 활성화를 위해서 정부의 지원 또한 많아야 한다. 업종에 따라서 차이는 있겠으나, 문화 산업과 관련된 업체들은 열악한 환경에 처해 있는 경우가 많다. 영세하고 자금력이 없는 업체들이 대부분이다. 그런 업체들이 입지를 갖출 수 있도록 정부에서 지원해 줘야 할 것이다.

또한 현재 정부의 지원은 콘텐츠와 관련된 업체들로 편중되어 있으나, 콘텐츠 개발과 제작 분야에 대한 지원은 아직도 부족한 실정이다. 개발과 제작 분야의 아웃소싱 업체의 경우, 큰 업체에서 경력을 쌓은 후에 독립하는 경우가 많다. 이러한 업체들은 초기에 자금 때문에 어려움을 겪을 수밖에 없다. 업체가 자립할 때까지 한솔교육이 편의를 봐주는 경우가 많다. 대출을 해 준다거나 일거리를 보장한다거나 하는 식으로 자리를 잡을 수 있도록 기반을 만들어 주었다. 이와 같이 업계에서 업체에 도움을 줄 수 있지만, 정부의 정책적인 지원이 더 절실하다.

아웃소싱 공급업체의 의견

[아웃소싱 성과]

솔트앤페퍼의 숙련된 디자인을 기반으로 하여 한솔교육의 기획 방향과 의도를 정확하게 파악하는 노력을 지속적으로 펼친 끝에 아동 교육물에 적합한 디자인을 고안하게 되었는데 이는 적극적인 커뮤니케이션을 통해 가능한 결과물임. 즉 아웃소싱 공급업체는 디자인을, 수요업체는 양질의 콘텐츠를 제공함으로써 매출 증대라는 결과를 낳았음

[아웃소싱 활성화를 위한 기업적/정책적 기대사항]

디자인과 관련된 아웃소싱은 단순한 비용 절감이 목적으로 되어서는 안 되는데, 이는 비용을 눈앞에 두고 사회구성원 전체가 누릴 수 있는 삶의 질을 낮추는 악수인 것임 정부는 더 많은 분야의 책들이 발행될 수 있도록 콘텐츠와 디자인 분야를 지원해 주어야 함. 더 많은 정책적 지원이 필요할 것으로 판단하고 있음

[회사 소개]

Design to Your Taste!
솔트앤페퍼는 출판디자인을 전문으로 하는 회사임
유아물에서 아동, 성인물에 이르기까지 클라이언트의 성격과 입맛에 맞춘 디자인으로 솔트앤페퍼만의 색깔을 만들어 가고 있음

전문성과 경쟁력을 갖춘 8. 아웃소싱

:: (주)풀잎라인과 한성물류

1. 두부 관련 제품으로 비약적인 성공

2. 품목의 다변화로 틈새시장 공략

3. 비주력 분야이지만 중요한 물류 부문 아웃소싱

4. 물류 아웃소싱 업체에 물류 교육 별도 실시

5. 아웃소싱은 차세대 성장 동력 산업

구분	발주사
업체명	(주)풀잎라인 (주)풀잎라인
주요 업종	음료, 두부 등 식품 관련
대표명	정성택
주소	충청북도 제천시 고암동 145-9 고암테크노빌 A
홈페이지	www.puliffline.co.kr
요약	풀잎라인의 주요 생산품인 생식품을 한성물류에서 배송을 하고 있음. 식품은 신선함이 생명이기 때문에 당일 배송을 원칙으로 하며 물류회사와의 계약을 통해 제품이 제때 공급이 안 되거나 파손된 경우에도 즉각 해결을 할 수 있음

☀ 1. 두부 관련 제품으로 비약적인 성공

풀잎라인은 풀무원에서 생산되는 두부 관련 제품(연두부, 순두부, 콩국물, 콩비지 등)과 푸드모스라는 식자재 회사(풀무원 계열사)에 음료를 공급하고 있는 식품회사이다. 2001년 말에 설립하여 7년째 운영하고 있다. 설립 당시 직원 4명과 기계 1대를 놓고 시작한 것이, 현재는 두부뿐만 아니라 콩과 관련된 모든 식품을 생산하고 있다. 2006년에는 신규 사업으로 음료사업에 진출했고, 2007년에는 2공장에서 고춧가루와 잡곡사업을 시작했다. 이와 관련해서 건설사 등 몇 개의 계열사를 운영할 정도로 현재는 그 규모가 굉장히 커졌다. 핵심 사업은 식품회사이며 그중에서도 콩과 관련된 식품이다.

현재 직원 규모는 1공장에 60여 명, 올해 매출은 150억 정도를 예상하고 있다. 2002년에는 연간 매출이 5억 정도였으니 실로 비약적인 발전을 이뤘다고 할 수 있다.

매출 핵심 품목으로는 두부가 가장 높고, 그 뒤로는 음료, 그리고 콩과 관련된 식품인 연순두부, 콩비지, 콩국물 등이 있다. 자체 브랜드를 가지고 있지는 않고 OEM 방식으로 이루어지고 있다. 현재 매출은 100% 국내에서 이루어지고 있지만, 앞으로는 음료사업과 관련해서 수출 쪽도 생각하고 있다.

처음에 사업을 시작했을 때는 조그마한 식품회사였다. 풀무원과는 아무 관계가 없었다. 현 대표이사는 이 회사에 투자를 한 투자자였다. 다른 투자자들이 모두 손실을 입고, 회사가 문을 닫게 된 상황에서 많은 부채를 떠안고 회사를 인수한 것이다. 처음에는 식품이나 두부에 대해서 잘 몰랐다고 한다. 그래서 남들보다 더 꾸준히 공부하고 정보를 공유하면서 제품을 개발했다. 곧 포장 두부업계의 선두 주자인 풀무원과 계약을 하고 회사는 급성장할 수 있었다.

풀무원이 포장 두부 시장에서 점유율이 70~80%까지 올랐다가, CJ, 대상, 종갓집 등에서 두부 시장에 진출하자 점유율이 조금 떨어졌다. 그러나 두부 시장 자체의 규모는 커졌고, 대기업들이 두부 시장의 장점을 파악하고 너도나도 진출하고 있는 상황이다. 풀무원은 두부와 관련해서 협력업체가 전국에 7~8군데 있지만, 풀잎라인의 규모가 가장 크다. 풀무원 자사보다도 더 크다고 할 수 있다.

풀잎라인이 주력으로 하는 것은 가정용이 아니라 학교급식용이다. 곧 학교급식 부분이 매출의 90% 이상을 차지하고 있다. 학교급식 시장에서도 두부의 경쟁은 치열한 편이다. 하지만 국산 콩으로 생산을 하는 공장은 풀잎라인밖에 없고, 품질 면에서나 기술력에서 우위를 점하고 있기 때문에 매출은 계속 성장하고 있다.

▓ 2. 품목의 다변화로 틈새시장 공략

풀잎라인 대표는 아직도 성공을 위해 나아가고 있는 상태라고 말한다. 그래도 단시간 내에 현재 규모에 이를 수 있었던 이유를 꼽자면, 역할 분담이 잘 이루어졌기 때문이다. 직원 4~5명으로 시작해서, 초창기에는 한두 시간 토막잠을 자가면서 두부를 만들었다. 생산 담당자는 생산을 책임지고, 관리 담당자는 관리를 책임지고, 대표는 회사의 발전과 지속성장이 가능하게끔 비전을 제시해 주며 불철주야 회사를 위해 뛰었던 것이 주효했다. 과감한 투자와 식품시장의 트렌드를 빨리 간파한 것도 주효했다.

풀잎라인이 국산 콩 생산을 처음 시작했을 때, 국산 콩 제품은 고가이기 때문에 학교급식 시장에서는 도저히 통할 수 없다고 만류했다. 하지만 1일에 50~100모에서 시작하여 지금은 몇천 모 수준까지 생산하고 있다. 5년 동안 남들이 가지 않은 길을 갔던 결과, 국산 콩 시장이 현재의 웰빙트렌드와 맞아떨어지며 발전을 할 수 있었던 것이다. 특히 연두부, 순두부, 콩비지, 콩국물을 모두 국산 콩으로 만들면서 틈새시장을 공략했던 것이 주효했다.

또한 음료 시장에 진출을 할 때도 다른 사람들이 모두 만류했다. 기존 음료 시장은 워낙 선발 주자나 메이저 업체들이 많기 때문이었다. 이에 풀잎라인은 가정용이 아니라 급식 시장을 공략했다. 기존의 급식 시장에는 요구르트나 우유가 후식의 전부였다. 이런 후식 시장을 공략해 보고 싶었던 것이다. 학생들이 밥을 먹고 나서 후식으로 먹을 수 있는 과일음료를 개발해서 첫해 두세 가지 품목을 출시하고 현재는 여섯 종류의 제품을 생산하고 있다. 음료 용기 자체도 기존에 있던 모양이 아니어서 학교에서 선풍적인 인기를 얻고 있다. 하루에 10만에서 20만 개 정도 생산을 하는 양이니까 소위 말하는 대박 상품이 된 것이다. 이것이 2006년에서 2007년의 일이다.

남들이 가지 말라는 시장을 공략한 것, 틈새시장을 간파한 것, 그리고 거기에 따른 과감한 투자를 한 것이 지금의 풀잎라인을 만들었다. 또한 풀잎라인이 성장할 수 있었던 동력이라고 한다면, 식품업계의 트렌드를 간파한 것뿐만 아니라 역할 분담이 잘 이루어진 것에 있다. 회사에서는 대표가 "안으로부터 혁신이 이루어지지 않으면 외부로부터의 도전을 이겨낼 수 없다."고 강조하고 있다. 항상 오래가는 기업은 없게 마련이기 때문에 품목의 다변화, 수입원의 다변화를 이루어서 한쪽에서 안 될 때는 다른 쪽에서 회복할 수 있도록 하고 있다. 더불어 무작정 품목 다변화를 꾀하는 것이 아니라 정확한 데이터와 분석 자료를 가지고 신규 사업을 진행했던 것이 성공 요인이라 할 수 있다. 아마도 두부만 주력 상품으로 했다면 그 한계점에 부딪혀 성장이 정체되었을 거라고 평가하고 있다.

급식 시장에는 아웃소싱이 많다. 핵심 제품들은 자체 해결하고 있고, 품목을 다변화하기 위한 비주력 제품은 아웃소싱을 하고 있다.

하지만 풀잎라인은 단순한 급식 시장 아웃소싱에 머무르지 않고, 종합식품회사로 나아가고 있다. 유통 회사를 포함하여 현재 서너 개의 계열사가 있으며 다른 쪽으로 사업 진출 계획도 갖고 있다. 그리고 꾸준히 품목 다변화를 추구하고 있으며, 식품이 아닌 다른 부문에서도 끊임없이 사업 타당성을 검토하고 있다.

⫸ 3. 비주력 분야이지만 중요한 물류 부문 아웃소싱

풀잎라인은 물류 부문의 아웃소싱이 가장 크다. 현재 연간 물류 아웃소싱 비용 규모는 7억 원 정도이며 전체 아웃소싱 비용 규모는 10억 원 정도이다. 그 밖에 구내식당, 사설경비, 노무 관련 부문, 방제시스템 부문 등을 아웃소싱하고 있다. 주력인 식품 생산을 제외한 비주력 사업 부문은 전부 아웃소싱을 한다고 할 수 있다. 앞으로는 전체 아웃소싱 부문을 30억 정도로 키울 생각이다.

풀잎라인의 물류 분야 아웃소싱 공급업체는 '한성물류'이다. '한성물류'는 285명이 근무하는 탄탄한 중견 물류회사로 지금까지 7년간 풀잎라인의 배송을 서비스하고 있다

물류 부문을 아웃소싱한 이유는 풀잎라인의 주요 생산품이 생식품이기 때문이다. 당일 배송을 원칙으로 하는 배송에 지연이 생기면 품질에 큰 하자가 생기게 된다. 따라서 물류는 풀잎라인의 경영에서 매우 중요한 역할을 차지한다. 예를 들어 당일 배송을 해야 하는데 차량이 전복된다거나 사고가 났을 때 대체할 수 있는 방안이 없다. 생식품이고 시간을 다투는 제품들이기 때문에 바로 조치가 되지 않으면, 풀잎라인뿐만 아니라 납품하는 기업에도 큰 손실을 입힐 수 있다.

하지만 물류회사와 계약이 되어 있다면, 제품이 제때 공급이 안 되거나 제품 파손이 되었을 때 물류회사 측에서 즉각 해결할 수 있게 된다. 또한 물류회사 측에서는 여러 가지 보험을 가입하여 운영하기 때문에 풀잎라인 입장에서는 그에 따른 적절한 보상을 받을 수 있으므로 위험요소에 따른 비용 부담을 최소화하게 된다. 따라서 회사 측에서는 리스크를 현저히 줄일 수 있다.

풀잎라인이 물류 부문 아웃소싱을 도입할 당시에는 큰 규모가 아니었기 때문에 직영으로 처리할 때보다 오히려 비용이 더 많이 나갈 수도 있는 상황이었다. 하지만 회사가 성장할 수 있기 위해서는 아웃소싱을 하는 것이 효율적이라고 보았다.

배송이 이루어지는 과정은 다음과 같다. 공장에서 제품이 생산되어 완제품이 나오면 먼저 냉동 창고에 보관된다. 냉동 창고에 들어가면, 제품의 온도를 4~5도(10도 미만)로 유지시킨다. 저녁 7시에 마감이 되면 내일 나갈 물량이 품목별로 전산시스템에 뜬다. 그러면 물류차가 전산을 통해 품목별로 출하량을 확인하고, 관리과에서도 출하 내용을 똑같이 확인한다. 1~3차 배송을 어떻게 할 것인지를 관리과에서 체크하고, 물류 쪽에서도 같은 내용을 확인한다. 크로스 체크를 하는 것이다. 크로스 체크를 하지 않으면 나중에 문제 발생 시 책임규명을 하기 힘들다. 관리과에서도 배송을 관리하고, 물류에서도 관리하여 나중에 문제가 생길 수 있는 소지를 미리 차단하는 것이다. 물류에서 1~3차 배송을 확인하고 시간이 확인되면, 시간별로 3개의 차가 들어온다. 지방 차량과 수도권 차량이 시간대별로 나눠지는 것이다.

이렇게 철저히 시스템을 체크해도 불가항력적인 일이 발생할 수 있다. 정전, 단수, 화재 등 여러 가지 상황이 발생하면 입고 시간을 지키지 못할 수 있다. 물류 센터에 보내도 그쪽에서는 전국으로 1톤 차량 수십 대가 배송을 한다.

그럴 때 이런 문제들이 발생하면 지역별로 나누어 직접 배송을 해야 한다. 그런 문제들을 차단하기 위해서 생산, 보관에 여유를 두고 운영하고 있다. 22톤, 5톤 차량이 물류 센터로 올라가게 되면, 그곳에서 품목별로 하차를 하고 패킹을 한다.

그러면 그쪽 담당자들이 지역별로 세분화한다. 물량을 하차하고 나면 물류 차량은 다시 피박스(두부가 담긴 노란 박스)를 회수해 와야 한다. 그 박스가 들어오는 시간을 체크하고 다시 싣고 와야 또 제품을 출하할 수 있다. 따라서 단순 물류가 아니라, 생산 시간, 온도, 품온, 입고 시간 등을 모두 체크하고, 피박스 몇 개가 언제 나오는지를 모두 계산하고 싣고 와야 하는 것이다.

물류 업무의 효율성을 위해서 물류 기사들도 효율적으로 움직이기 위해 노력을 한다. 처음에는 시행착오도 겪지만 이제는 물류 기사들이 알아서 업무의 효율성을 높이고 있다.

예전에는 제품 상하차 시 직원들이 서너 명씩 붙어서 했다. 그러나 업무의 효율성을 생각해서 혼자 상하차를 할 수 있도록 대형 리프트를 제작했다. 명세서나 각종 서류 등도 서로 크로스 체크하고 물류 회사에서도 모든 것을 확인할 수 있도록 모든 시스템이 마련되어 있다.

4. 물류 아웃소싱 업체에 물류 교육 별도 실시

식품과 관련해 HACCUP이라는 인증제도가 있다. 식약청에서 받는 인증제도로 굉장히 까다롭다. 풀잎 라인은 풀무원 다음으로 협력업체 에서는 최초로 작년 4월에 인증을 받았다.

그 인증을 받으려면 단시일 내 에 되는 것이 아니라 2, 3년에 걸 쳐 준비를 해야 받을 수 있다.

그 매뉴얼에 보면 물류 부문도 있다. 거기에 차량서비스, 위생, 온도 등 여러 가지 관리 매뉴얼이 있다. 회사 관리과에서 그 매뉴얼에 따라 움직이고, 그 담당 물류 기사들을 풀잎라인에서 따로 교육을 시킨다.

물류회사 소속이지만 풀잎라인 직원처럼 관리를 하고 있다. 그 직원들의 주 업무가 풀잎라인의 물류이기 때문에 지속적으로 관리 자 회의에도 참석시킨다. 매일 풀잎라인으로 출근하고, 조회하고, 전달사항을 듣고, 배송이 이루어진다. 현재 함께 일하고 있는 물류 기사는 3명이다.

매일 차량 세 대가 들어온다. 계약은 물류회사와 하지만, 계약 내용에는 지입차량 물류기사(처음 제안자)의 의견을 많이 수렴한다. 어느 정도 금액이 되어야 하는지, 유가는 얼마로 할 것인지, 운행

횟수나 킬로수에 따라 계약금액을 얼마로 할 것인지를 물류회사와 최종적으로 계약을 한다. 물론 물류회사는 지입비를 받고 할 것이다. 계약은 물류회사와 하고 현업에서 뛰고 있는 사람들의 의견을 많이 들어주는 편이다.

계약은 연간으로 이루어지고 있다. 금액은 현장에서 뛰고 있는 기사의 입장과 물류회사, 삼자 입회하에 결정이 이루어진다. 어느 누구도 손해 보는 것은 안 되니, 조금씩 양보를 해서 계약을 한다.

아웃소싱을 할 때 너무 저가를 고집하다 보면 서비스 등에 문제가 생길 수 있다. 업체의 실행 능력이나 회사가 원하는 업무를 효율적으로 수행할 수 있는지가 업체를 결정하는 가장 큰 요인이라고 할 수 있다. 가장 중요한 것은 업체의 실행 능력이다. 앞으로도 경쟁 입찰을 통한 선정방식은 유지할 것이다.

▶ 5. 아웃소싱은 차세대 성장 동력 산업

현재 풀잎라인에서 진행하는 물류 아웃소싱에 대해서는 굉장히 만족하는 편이다. 물류 아웃소싱을 하면서, 첫째는 기업의 신뢰도도 구축이 됐고, 조직이 간소화되므로 비용이 절감됐다.

그리고 핵심역량(생산)에 집중할 수 있었던 것이 아웃소싱을 함으로써 회사의 성장에 도움이 되었다고 말할 수 있다. 직접 기사를 두면 단기적으로는 어느 정도 비용이 절감될 수도 있다. 그러나 장기적으로 보면 큰 도움이 되지 않는다. 보이지 않는 손실들이 발생한다. 기업의 구조 개선을 하는 데도 많이 도움이 되었다.

현재 핵심역량에 집중하기 위해서, 핵심 부문을 빼고 크고 작은 것들은 아웃소싱을 하고 있다. 앞으로도 비주력 사업이나 비주력 영역은 과감하게 아웃소싱을 할 계획이다.

아울러 아웃소싱 공급업체를 비교하고 분석할 수 있는 방법이 있다면 굉장히 도움이 될 것 같다. 사실 아웃소싱에 대한 개념이 우리나라에서는 얼마 되지 않았다고 본다. 아직은 걸음마 단계이지만 시장은 앞으로 계속 커질 것이다. 아웃소싱 기업은 한국표준산업분류에도 기재되지 않을 정도로 아직 신생산업이다. 지금까지는 아웃소싱 산업분야가 굉장히 소외되어 있다.

아웃소싱 산업이 지식 서비스 산업, 나아가서 성장 동력으로 크기 위해서는 정부가 조금 더 R&D, 인프라 구축에 지원을 해야 한다. 뿐만 아니라, 차세대 성장 동력 산업임을 인지하여 정책적으로 지원해야 한다. 지역과 산업을 연계해서 활성화할 수 있도록 지원을 할 수도 있을 것이고, 전문 인력 등에 대한 연수원을 만들 수도 있을 것이다. 지금 방향은 옳은데 준비되어 있는 것들이 너무 부족하다.

또한 아웃소싱 업체들은 방향이 옳아도 준비 없이 서둘러서는 안 될 것이다. 시장이 좋아지면 우후죽순으로 생기는 경향이 많다.

어떤 분야이든 고도의 전문성도 필요하고, 경영의 투명성, 기업 윤리 등 여러 가지가 준비되어야 한다. 실질적인 아웃소싱을 필요로 하는 사람들이 '아 이 업체에 아웃소싱을 하니까, 회사에 큰 수익이 발생하는구나.' 하는 것을 느낄 수 있어야 한다. 예전에 하던 단순 용역처럼 하청업체에 준다거나 하는 식의 개념이 아니라 이제는 협력사의 개념이다. 아웃소싱 수요 기업에게 실질적으로 효율성을 가져다줄 수 있도록 전문성과 경쟁력을 갖추어야 한다.

아웃소싱을 통해 동반 성장을 이루어 낸다 9.

:: CJ 제일제당과 에이텍

1. 내 가족이 먹을 음식이라는 마음으로

2. 식품에 적합한 포장을 직접 개발까지……
   국내 유일한 케이스

3. '안전성'과 '편리성'이 개발의 핵심 목표

4. 이제는 식품 포장 기술의 기준으로 자리 잡아

5. 아웃소싱을 통해 비용 줄이고 전문성 높여

6. 뛰어난 기술력 있다면 과감히 투자할 것

7. 신제품 개발과 안전성 평가를 위한 Win-Win 게임

8. 공동 개발 통해 서로 성장해 가야

구분	발주사	공급업체
	CJ 제일제당	에이텍
업체명	CJ 제일제당	ATEC CO.,LTD brings beauty & comfort to our lives
주요 업종	가공식품, 신선식품, 바이오제품, 사료, 제약 등	플라스틱 소재 용기 개발 및 제조
대표명	김진수	윤광호
주소	서울시 중구 남대문로 5가 500 CJ제일제당 빌딩	대전시 대덕구 대화동 124-14
홈페이지	www.cj.co.kr	www.atecltd.com
요약	해찬들 초고추장 용기 개발 및 제작을 에이텍에서 담당, 유자기밀봉 밸브 기능을 적용한 스퀴지 타입용기 개발 및 제작	

🎇 1. 내 가족이 먹을 음식이라는 마음으로

최근 들어 싱글족이 급증하면서 간편한 먹을거리를 찾는 사람들이 늘고 있다. 이러한 소비 추세를 겨냥해서 여러 식품 제조업체들이 특별히 요리를 할 줄 몰라도 데우기만 하면 되는 레토르트 식품들부터 즉석 밥에 이르기까지 다양한 제품군을 출시하고 있으며, 소비자들은 이를 손쉽게 마트에서 구입할 수 있게 되었다. 간편한 먹을거리 소비가 늘어나면서 이를 구입하는 소비자들이 가장 중요하게 생각하는 것은 먹을거리의 '맛'뿐만 아니라 먹을거리의 '안전'일 것이다.

흔히 안전한 먹을거리를 떠올린다면 좋은 재료와 만드는 과정 속에서의 위생 관리를 떠올린다. 물론 이러한 것들이 우선적으로 강조되어야 하는 것은 당연하다. 그런데 최근에는 유통 단계에서 변질되는 사고도 심심치 않게 일어나고 있다. 소비자의 입까지 안전하게 도달하는 것 역시 중요하게 강조되어야 할 것이며, 이에 대한 인식도 차츰 늘고 있다.

CJ식품연구소 포장개발센터에서 일하는 연구원들은 '안전한 먹을거리'를 만드는 데에 일조하고 있다는 자부심을 가지고 있다. 식품연구소는 CJ식품사업부 직속기관으로 내용물을 전문적으로 연구하고 있으며, 이곳 포장개발센터에서는 내용물을 안전하게 보호하고 편리하게 사용할 수 있는 기능을 개발하는 역할을 하고 있다. 즉 내용물이 공장에서 소비자에게 전해지기까지 유통 과정에서 상하지 않도록 보호하고, 또 유리병 같은 재질에 담긴 제품은 파손되지 않도록 하고, 더 나아가서 소비자가 편리하게 사용할 수 있도록 하는 것이 포장개발센터가 맡고 있는 주요한 업무이다. 내 가족이 먹을 음식을 담아내는 마음으로 꼼꼼히 점검하고, 항상 안전과 편리성을 염두에 두고 있다는 한 연구원의 말에서 무한 책임감과 고객사랑 정신을 느낄 수 있다.

▶ 2. 식품에 적합한 포장을 직접 개발까지……
국내 유일한 케이스

식품연구소는 CJ가 창립하던 1954년 함께 출범하여 50여 년 동안 고객을 위한 먹을거리 개발에 힘써 왔다. 소비자의 입맛을 사로잡기 위해서 표준화된 맛을 연구하는 것에서부터 다양한 먹을거리 개발에 이르기까지 식품연구소는 CJ 제품 개발의 핵심 선두 주자로 자리매김해 왔다. 때로는 조직 명칭의 변화가 있었으나 그 기능만은 변함없이 유지해 오고 있다.

식품연구소에서 포장 연구가 활성화되기 시작한 때는 1980년대 이후이다. 그전에는 내용물이 설탕이나 밀가루와 같은 간단한 것이었으나 차츰 먹을거리의 종류가 다양해지고 포장의 역할이 확대되면서 중요해지기 시작했다. 초창기에는 포장개발센터 역시 단순한 포장 업무 관리에 종사하는 조직이었다.

그 당시 대부분의 회사 내에 있는 포장 관련 조직들은 자사 제품에 필요한 포장재를 전문 업체에 의뢰하고, 업체들로부터 여러 가지 제안을 받아 그중 적합한 것을 선정하거나 혹은 제품을 사들여서 내용물에 적용하는 역할을 주로 하고 있었다.

현재 국내의 포장 개발은 포장이 단지 '운반'의 개념뿐만이 아니라 제품을 이루는 중요한 부분이라는 인식의 변화와 함께 1980년대 후반부터 본격화되어 왔으며, 90년대의 전성기를 거쳐 2000년대에는 어느 정도 포화상태에 이르렀다. 이제는 사용자의 '편리'와 '안전'을 위해서 세분화 및 전문화되는 단계에 접어들고 있다. 그러나 국내에서 포장을 개발하는 회사들은 포장 전문 업체가 아니라 대부분 단순 제작 업체에 불과한 실정이다.

포장 산업이 잘 발달된 국가로 손꼽히는 일본의 경우에는 포장재 회사들이 직접 개발하고 만드는 역할까지 맡고 있으며, 이러한 개발 과정 속에서 계속 쌓이는 기술 노하우를 바탕으로 더욱 성장하고 있다. 이러다 보니 기능성 포장 제품은 일본에서 수입하는 경우가 많다. 식품 포장은 무엇보다 '안전성'이 우선되어야 하기 때문에 검증된 일본 제품을 사용하는 것은 곧 안전을 의미했다.

이러한 일본과는 달리 국내 업체들의 대부분은 제품 개발에 힘쓰기보다는 기업에서 의뢰한 대로 만들어 납품하는 하청업체의 기능을 담당할 뿐이었다. 사실 포장재를 만드는 국내 업체들의 대다

수가 영세한 편이고, 내부 개발 인력도 많지 않은 편이다.

이는 국내 포장 시장이 크지 않다는 점과 더불어 해외 수출이 어려워 신제품 개발보다는 단순 납품에 치중하게 되는 구조적 한계가 존재하기 때문이다. 그런 연유로 전문 포장 업체로서 경쟁력을 갖춘 기업이 없었다. 국내에서는 질 높은 포장재를 구하는 게 어렵다는 점을 파악한 포장개발센터는 포장 재질이나 방식에 대한 연구 개발에 착수하게 된다.

3. '안전성'과 '편리성'이 개발의 핵심 목표

이제는 단순 포장업무 관리에서 벗어나서 내용물에 적합한 포장을 직접 개발하는 데에 포커스를 맞추는 것이 포장개발센터의 핵심적인 역할이라 하겠다. 별도로 둔 디자인 조직과 더불어서 포장 제품을 설계·디자인해서 제작 전문 업체에서 만들어 오면, 의도대로 만들어졌는지 확인하고, 공장에 입고시키는 것까지 담당하는 것이 센터의 주요 업무이다. 국내 식품 기업 중 이런 연구조직을 가지고 있는 회사는 CJ식품연구소가 유일해서 연구원들의 자부심 또한 대단히 높다. 연구원들의 대다수는 식품공학 전공자들이며 이 밖에 화학, 산업, 기계 공학까지 다양한 전공자들이 제품 개발에 몰두하고 있다. 이는 국내에 포장 관련 학과가 생긴 지 몇 년 되지 않았으며, 포장 자체가 여러 분야와 접목되는 특성을 지니고 있기 때문이다.

연구소가 포장 연구를 함에 있어 가장 중요시 여기는 점은 역시 '안전성'이다. 포장 과정에서 유해 물질이 생성되지 않고 내용물이 유통 과정 내내 안전하게 보관된다는 확신이 없으면, 아무리 많은 비용을 들여서 연구해 낸 결과물이라 하더라도 가차 없이 폐기된다.

그 다음으로 제품 개발에 있어 고려하는 점은 회사의 지침이기도 한 'Only One'이다. 아무도 쓰지 않았고 시도해 보지 않은 새로운 것을 만들어 낼 수 있도록 창의적인 아이디어를 장려하고, 이러한 독창성을 위주로 제품 개발에 매진하고 있다. 단순히 형상이나 재질의 특이성에 초점을 맞추는 것이 아니라 제품을 사용하는 데 있어 더욱 편리할 수 있도록 사용자의 '편리성'을 높이는 데에 주력하고 있다.

⠿ 4. 이제는 식품 포장 기술의 기준으로 자리 잡아

이렇듯 안전성과 편리성에 초점을 맞추어 제품을 개발해 오면서 CJ식품연구소 포장개발센터는 이제는 국내 식품 포장 기술의 기준으로 자리 잡아 가고 있다. 현재 시중에 나와 있는 레토르트 제품, 파우치나 즉석 밥 등의 제품도 이곳 포장개발센터에서 개발된 것으로 시중 어딜 가나 쉽게 볼 수 있을 만큼 그 품질과 우수성을 인정받고 있다.

또한 센터에서 연구 개발한 제품이 1년여의 기간을 거쳐 안전성이 검증되면 다른 회사들도 이 제품을 따라 생산할 수 있도록 기술을 오픈함으로써, 현재의 선두 위치에 자만하지 않고 계속 스스로를 채찍질하여 더욱 좋은 제품을 개발하는 데에 주력하고 있다. 이렇게 끊임없는 노력으로 CJ식품연구소 포장개발센터는 계속 자기만의 노하우를 축적해 가며 성장·발전하고 있다.

⁜ 5. 아웃소싱을 통해 비용 줄이고 전문성 높여

제품을 개발하는 연구 과정에 있어 제품 기획과 디자인을 토대로 설계하는 것도 중요하나 가장 중요한 것은 계획된 설계대로 mock‐up(모형)을 만드는 일이다. mock‐up제작은 개발 과정의 일부로서 연구소에서 할 수 있는 일이 아니기 때문에 전문 제작 업체들과 협력·제작하고 있으며, 이러한 아웃소싱을 통해 비용도 줄이고 전문성도 높이고 있다.

현재 함께 제품을 개발하여 아웃소싱을 진행하고 있는 업체는 '에이텍'이라는 기능성 매직 캡을 개발하는 전문 업체이다. 이 업체와의 협력 관계는 오래되지 않았으나, 특수 제품을 만들어 내는 기술력을 가지고 있어서 2007년 5월부터 약 6개월간 공동 개발을 진행해서 제품 개발에 성공했다.

기능성 매직 캡은 마요네즈나 토마토케첩 같은 소스 유가 담긴 제품 포장에 사용될 예정이며, 용기 입구에 막이 있어 용기를 누를 때만 내용물이 나와 기존 제품과 달리 편리하고 깔끔하게 사용할 수 있다는 점이 큰 장점이다. 보통 내용물이 나오다 입구 언저리에 묻어 굳거나 혹은 변질되는 경우가 많은데, 매직 캡을 제품에 적용하면 이러한 문제를 해결할 수 있다.

이 제품이 탄생하기까지의 과정을 살펴보면, 연구소에서 제품에 대한 아이디어와 콘셉트를 잡고 기획하여 '에이텍'에 넘겼고, '에이텍'은 자체 기술력으로 이를 개발해서 제품화시키는 데에 성공하였다. 일반적으로 한 제품이 제작되는 과정에서 공헌 비율을 따지자면, 기획과 콘셉트에 30%, 제품화 과정이 50%, 생산 공장이 20%의 비율을 차지한다고 본다. 보통 제품의 경우 연구소에서 80% 이상을 담당하지만, 매직 캡같이 특수한 기술력을 요구하는 제품의 경우에는 기술력을 가진 업체한테 개발을 맡긴다.

﹡ 6. 뛰어난 기술력 있다면 과감히 투자할 것

'에이텍' 역시 여느 일반 포장재 회사와 같이 제품을 만들면서 개발을 하는 업체 중에 하나로 업체 규모가 큰 편은 아니다. 그러나 뛰어난 기술력을 가지고 있다는 점을 눈여겨본 연구소 측에서 과감히 '에이텍'에 투자하기로 결정하였고, 결국 기능성 매직 캡 공동 개발에 성공하였다. 이는 '에이텍'이 지닌 기술력에 대한 연구소의 굳건한 신뢰를 바탕으로 한 적극적인 투자와, 새로운 제품을 만들고자 전력투구한 '에이텍'의 노력이 이루어 낸 성과물이다.

사실 대부분의 포장재를 만드는 업체들의 한계는 제작 공장과 함께 위치해 있기 때문에, 단일한 품목라인의 생산 및 개발 경향이 다분하다는 점을 들 수 있다. 예를 들어 종이 포장재를 생산하는 회사에서는 종이 포장만을 개발·제작하는 것을 흔히 볼 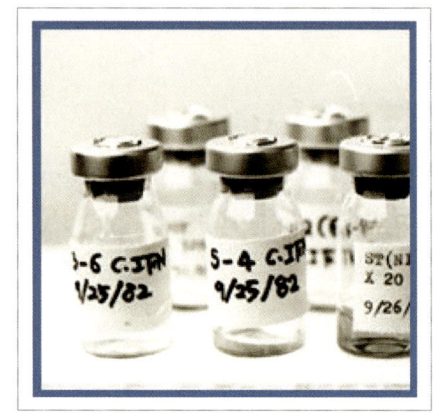 수 있다. 사실 포장재는 다양한 종류가 있기 때문에 이를 모두 아우를 수 있는 기준을 두고서 종합적으로 살펴보고 개발해야 한다. 그러나 국내에서는 용기와 캡, 라벨 등 각 구성 제품들이 각기 따로 분리되어 만들어지다 보니, 각각의 제작 기준이 달라서 결합 시에 문제가 생기기 쉽다. 사실상 업체 규모가 영세하다 보니 이를 통합해서 개발하는 작업이 이루어지지 못해 어려운 점이 많은 측면도 있다.

CJ포장개발센터의 가장 큰 차별성이자 장점은 여기에서 빛을 발한다. 통합적인 제품 연구 개발이 가능하다는 점이 바로 그것이다. 사실 포장재 제작은 중소기업 고유 업종으로 자리 잡고 있기는 하나, 한 업체가 다양한 재료를 모두 소화하여 통합적인 제품을 개발·제작한다는 것은 쉽지 않다.

처음에는 '에이텍'과 거래가 없었기 때문에 투자를 망설이기도 했다. 특히 새로운 거래처와 거래를 시작할 경우, 거래 실적이나 회사 소개서만 보고서 그 업체를 평가하기란 쉽지 않은 일이다. 업체 선정에 있어서는 반드시 함께 일을 해 봐야지만, 그 업체가 지니고 있는 한계와 장단점 등을 제대로 알고 평가할 수 있는 것이다. 특히 신제품을 개발하는 경우에는 더욱 그렇다. 이번 매직 캡 공동 개발 과정을 통해 '에이텍'은 CJ포장개발센터의 든든한 지원군으로 자리매김하게 되었으며, 향후에도 아웃소싱을 통한 파트너십 관계를 지속적으로 유지해 나갈 예정이다.

⠿ 7. 신제품 개발과 안전성 평가를 위한 Win–Win 게임

아웃소싱 업체와의 계약 방식은, 신제품 개발에 소요되는 비용을 CJ 측에서 전액 투자하고 개발에 성공해서 제품이 출시되면 물건 값에 로열티를 포함해서 전량 구매하는 방식으로 이루어지고 있다. 로열티는 제작 원가를 기준으로 하기 때문에 제품 구매 수량이 많아지면 낮아지고, 수량이 적어지면 높아지는 구조로 되어 있으며, 보통 원가의 7% 수준으로 산정된다. 업체 입장에서는 초기 개발 비용에 대한 부담이 없어서 제품 제작에만 전력을 기울일 수 있다는 장점이 있다.

개발 후에는 일정 기간 동안 상호 구매를 원칙으로 하고 있다. 매직 캡의 경우 1년간은 CJ포장개발센터와 '에이텍'은 서로에게만 제품을 공급받고 납품해야 한다. 그러나 신제품이 시장에 안착하고 안전성이 검증된 이후에는 서로 제약 없이 제품을 생산하고 구매할 수 있다. 이러한 과정을 통해 서로 신제품 개발을 위해 노력하는 것이다. 단가 계약은 재료비 등의 변동에 따라 개발과 제작에 드는 정확한 비용을 계산한 후에 이에 맞춰 정해지기 때문에 합리적인 단가로 맞춰지며 서로에게 만족스러운 결과를 안겨 줄 수 있다. 또한 1년이라는 기간 동안 안정적인 공급처가 확보된다는 점 역시 제조업체 측에게는 제품 개발 후 영업 부담을 줄여주는 것으로 긍정적인 평가를 받고 있다.

아웃소싱 업체들 중에는 자체 개발한 제품의 안전성 인증을 받기 위해서 CJ포장개발센터에 자사 제품을 낮은 비용으로 공급하고 대신에 사업 평가를 의뢰하는 곳도 있다. 무엇보다도 제작 업체 입장에서는 CJ가 개발하거나 개발에 참여해서 제작한 제품을 다른 회사에도 팔 수 있다는 장점이 있다. 물론 CJ 측에도 새로운 제품에 대한 아이디어를 공급받는다는 측면에서 적극 환영하고 있다.

⁑ 8. 공동 개발 통해 서로 성장해 가야

현재는 연구소에서 제품 10개를 개발한다고 할 때, 9개는 협력 업체들에게 제작만 맡기고 1개만 공동 개발하고 있다. 제품 개발에 대한 의지를 가지고 적극적으로 노력하는 업체가 늘어난다면 그 비율은 더욱 늘어날 것이다.

연구소에서는 독창적인 아이디어로 제품의 편리성을 높일 수 있다면 적극 투자해 개발할 용의가 얼마든지 있다고 밝히고 있다.

제품 개발 능력을 가진 업체가 늘어난다면 서로가 성장할 수 있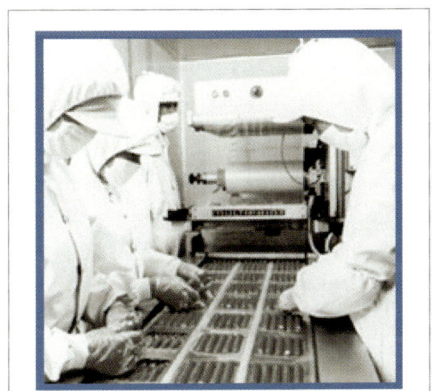는 좋은 기회가 될 것이라고 보는 것이다. 특히 제품 초기 개발비를 전액 CJ 측에서 투자한다는 원칙이 있어서 기술력은 갖추고 있으나 투자 자본이 부족한 중소 업체들이 성장할 수 있는 환경을 조성하고 있다.

실용적인 아이디어만 있다면 얼마든지 투자를 하겠다는 CJ의 신제품 개발 의지가 업계에 널리 알려지면서, 최근에는 개발 제안서를 가지고 찾아오는 업체들이 계속 늘어나고 있어서 CJ의 입장에서는 매우 고무적이라고 한다. 앞으로도 CJ식품연구소 포장개발센터는 안전하고 사용하기에 편리한, 소비자를 만족시킬 수 있는 좋은 품질의 제품을 만들기 위해 끊임없이 노력할 것이다. 그리고 이러한 노력을 통해서 기술 노하우를 축적시켜 국내 포장재산업의 발전을 이끄는 선두 주자로 그 역할을 충실히 할 것이다.

지금도 국내의 포장재산업 성장을 위해서 CJ 측에서 투자하여 공동개발에 성공한 신제품에 대해서 '제품 독점권'을 계약하지 않고 있다. 개발 비용을 전액 부담한 회사 입장에서는 어찌 보면 손해일 수도 있다.

그러나 멀리 내다본다면 신기술에 대한 노하우를 공유함으로써 시장이 발전하고, 이로 인해 더 많은 소비자가 혜택을 누릴 수 있는 것이다. 이는 지금의 자리에 안주하지 않고 더 큰 미래를 향해 나아가겠다는 CJ의 결연한 의지를 보여주고 있다. 앞으로도 CJ는 제품 개발에 있어서 더 많은 업체와 아웃소싱을 시행할 것이며, 이를 통해 함께 성장해 갈 것이다.

아웃소싱 공급업체의 의견

[아웃소싱 성과]

CJ, 에이텍, 애경포장개발팀의 협력체계를 구축함으로써 문제점 대처 능력 및 해결방안에 대하여 서로 공유하고 기존 제품에 대한 노하우를 적극 활용하여 신제품 개발에 접목시켜 향후 발생할 수 있는 문제점을 미리 인지하여 리스크를 줄임으로써 양질의 제품을 개발·제작하게 되어 서로 간의 매출 증대를 달성

[아웃소싱 활성화를 위한 기업적/정책적 기대사항]

중소기업들은 제품의 질적인 향상 필요성은 항상 공감하고 있으나 기술개발에 투여되는 자금과 노하우의 제약으로 인해 실제 행동으로 실현시키기 어려운 실정에 있음. 따라서 아웃소싱을 통한 기술개발 및 기술이전이 보다 활발히 진행될 수 있도록 수요업체에는 자금지원, 공급업체에는 기술 및 인력 지원에 대해 정책적으로 지원해야 함

[회사 소개]

에이텍은 1976년 플라스틱을 소재로 한 용기 및 생활편의용품을 생산하다 1998년부터 화장품을 제조 생산하는 전문업체로 거듭 발전하여 왔음. 현재 다수의 사출설비, 전사인쇄기 및 실크인쇄기 등 수많은 생산설비에서 연간 4,000MT의 다양하고 섬세한 플라스틱 제품과 튜브 등을 연구개발을 통해 최선의 품질로 생산하고 있음

차별화된 서비스 제공을 위한 선택 10.

:: 옴니텔과 알림커뮤니케이션

1. 유비쿼터스(ubiquitous)시대를 선도하는 옴니텔

2. 국내를 벗어나 해외시장으로 진출을 도모하다

3. IR업무를 전문화하기 위한 선택

4. 상생관계로 발전하는 것이 아웃소싱이 활성화되는 길

구분	발주사	공급업체
	옴니텔	알림커뮤니케이션
업체명		
주요 업종	모바일 콘텐츠 개발 및 서비스	홍보
대표명	유성원	이장희
주소	서울시 구로구 구로동 212-8번지 대륭포스트타워 3층	
홈페이지	www.omnitel.co.kr	
요약	기업 및 사업브랜드 인지도 확대를 위한 대외 홍보활동, 옴니텔의 기업소개를 비롯한 다양한 사업내용과 브랜드별 인지도 제고를 위한 대언론홍보 활동을 알림커뮤니케이션에서 담당	

⫸ 1. 유비쿼터스(ubiquitous)*시대를 선도하는 옴니텔

　전화 수화기를 들고 '교환원'을 찾았던 시절은 불과 반세기 전의 일이지만, 우리에게는 아주 먼 옛이야기처럼 느껴진다. 거리에서 손에 전화기를 쥐고 있지 않은 사람을 찾는 게 더 어려운 현상을 반세기 전에는 상상이라도 했을까? 하물며 휴대전화를 통해서 사진을 찍거나 음악을 듣고, 프로야구 한국시리즈를 보는 모습을 반세기 전에 보았다면, 모두 벌어진 입을 다물지 못할 만큼 놀라운 일로 받아들였을 것이다. 그 작은 휴대전화 안에 사진기, 라디오, TV가 몽땅 들어가 있는 걸 상상이나 했을까?

　이러한 상상력을 더욱 발전시키고 있는 회사가 바로 옴니텔이다.

　편리한 커뮤니케이션 기능으로 휴대용 통신기기는 정보통신 혁명을 가져왔다. 옴니텔은 이러한 휴대용 통신기기가 대중문화를 선도하는 미디어로서의 가능성이 있음을 발견해 낸다. 현재 옴니텔이 주력 사업 분야로 삼고 있는 모바일 방송이 바로 그 모델이라 할 수 있다.

　눈 깜짝할 사이에 거대한 변화의 파도가 밀려오는 정보통신 산업 환경에서 살아남기 위해서 옴니텔은 세계 최초로 이동통신 환경에 방송 개념을 도입한다. 모바일 방송이라는 신개념의 서비스를 무기로 새로운 유비쿼터스(ubiquitous)시대를 맞이하고 있는 것이다.

　모바일 콘텐츠 기업을 지향하며 성장을 지속한 옴니텔은 2002년 모바일 콘텐츠 업계로는 최초로 코스닥 증권시장에 상장하면서 선

---

* 유비쿼터스(ubiquitous): 어디서나 어떤 기기로든 자유롭게 통신망에 접속하여 갖은 자료들을 주고받을 수 있는 있음 또는 그런 환경.

도 기업으로 자리 잡는다. 대외적으로는 중국 모바일 콘텐츠 시장에 진출함으로써 글로벌화의 초석을 다지고 있다. 특히 2005년에는 계열사인 '한국DMB'를 통해서 통신과 방송이 융합된 지상파 DMB 사업권을 획득하면서 사업의 다변화를 꾀하고 있다.

➤ 2. 국내를 벗어나 해외시장으로 진출을 도모하다

옴니텔의 성장에는 CBS라는 기술이 있다. 기존에 사용되고 있는 SMS는 일대일로 문자메시지를 송수신하는 방식이지만, CBS는 특정 지역 내에서 일 대 다수에게 문자메시지 및 영상 등 정보를 전송하는 독특한 방식이다. CBS는 보내는 양만큼 일정 비용이 발생하는 SMS보다 비용과 시간 측면에서 훨씬 효율적이라는 장점이 있다. 이러한 장점을 살려서 현재 옴니텔은 소방방제청과 계약을 맺어서 재난재해문자서비스를 하고 있다.

예를 들어, 특정 지역이 태풍의 영향권 안에 들어갔을 경우 해당 지역에 위치하는 모든 사람들의 휴대폰에 문자메시지를 발송한다. 일정한 공간적 범위를 두고, 동일 지역에 위치해 있는 모든 휴대전화(서비스 가입자 기준)에 재난 관련 메시지를 송출함으로써 만약에 발생할 수 있는 재난사고에 미리 대비할 수 있게끔 유도하는 기능을 한다.

현재 국내 휴대폰 시장의 특성상 이동통신사를 통해서 서비스가 공급이 되기 때문에 옴니텔에서 관련 서비스를 제작하고 제공하더라도 자체 브랜드로 시장에 진입하거나 서비스 제공자의 이름이 소비자에게 노출되지는 않고 있다. 따라서 옴니텔의 이름이 보통의 소비자들에게는 낯설 수 있지만, 옴니텔은 재난재해문자서비스 이외에도 여러 가지 모바일 콘텐츠 사업을 하고 있다.

최근에는 '라라키즈'라는 유아교육서비스를 시작했다. 웹사이트에서도 사용할 수 있고 모바일에서도 사용할 수 있는 이 서비스는 현재 소비자들로부터 상당한 호응을 얻고 있다. 이와 같은 다양한 서비스들이 제공되고 있는데, 대부분 월정액으로 콘텐츠를 다운받을 수 있는 모바일 서비스가 주를 이루고 있다.

옴니텔은 모바일 정보 서비스와 더불어 DMB 서비스도 제공하고 있다. 지상파 DMB 서비스는 통신과 방송이 융합된 서비스로서 성장의 동력으로 삼기 위해서 야심차게 준비해 왔던 사업이다. 옴니텔의 차세대 주력 사업으로 지상파 DMB가 될 것이다. 옴니텔은 다년간 쌓은 모바일 방송 기술 및 운영 노하우를 바탕으로 DMB 서비스를 제공하고 있으며, 이를 바탕으로 명실상부한 모바일 방송 선도자로서 자리매김하는 것을 최종 목표로 삼고 있다.

옴니텔이 사업을 시작한 지도 언 10여 년의 세월이 흘렀다. 그간 많은 업체들이 생겨나고 사라지는 과정을 거쳤고, 그런 생사의 갈림에서 살아남은 경쟁업체들이 바로 다날, 필링크 등이다. 동종업계 내에는 현재에도 많은 회사들이 생겨나고 사라지는 사이클을 반복하고 있지만, 경쟁회사의 기준을 상장회사로 놓고 본다면 두 회사가 최대 경쟁회사라고 할 수 있다.

현재 옴니텔의 시장점유율은 그리 높은 편은 아니다. 시장의 특성상 워낙에 많은 업체들이 난립돼서 경쟁을 하고 있기 때문에 특별히 큰 시장점유율을 가지고 있는 업체는 눈에 띄지 않고 있다. 하지만 서비스를 제공하고 있는 이동통신사별로 점유율은 존재하고 있다. LG텔레콤과 거래하는 기업 중 옴니텔이 높은 점유율을 차지하고 있다. 모든 이동통신사와 거래를 하고 있지만, LG텔레콤과의 비중이 높기 때문이기도 하다.

현재 옴니텔의 직원은 65명 정도이다. 초창기 시장의 활성화로 상당히 큰 규모로 발전했지만, 구조 조정을 통해서 현재의 인원으로 줄어든 상태이다.

경쟁 업체 및 분야는 매우 많고, 시장은 한정되어 있어서 경쟁은 갈수록 치열해지고 있다. 경쟁에서 살아남기 위해서는 새로운 아이템을 꾸준히 발굴해야 한다. 특히 IT 업계가 국내는 물론 전 세계적으로도 계속 하향 곡선을 그리고 있어서 어려운 상황에 처해 있다. 때문에 새로운 신규 아이템 개발 필요성이 점차 커지고 있다.

물론 재무구조의 개편도 필요하다.

고정비용 절감을 위해 구조조정을 실시하여 재무구조가 그나마 양호한 수준을 유지하고 있다. 물론 앞으로도 계속 노력을 해야 할 것이다. 단기적으로 본다면 경비 절감, 장기적으로 봤을 때는 옴니텔만이 할 수 있는 서비스를 개발해야 할 것이다.

국내의 IT 콘텐츠 시장은 이미 포화상태이기 때문에 옴니텔은 해외시장 진출에 더욱 박차를 가하고 있다. 현재 몽골과 중국에 법인을 두고 있으며, 알제리로의 진출도 협상 중에 있다. 개발도상국의 경우 인터넷 산업이 이제 발전하는 단계라 시장성이 충분히 있다고 본다.

아직은 수출이 매출에서 차지하는 비중이 10% 미만이지만 앞으로 더욱 늘려갈 것이다. 또한 CBS(재난문자방송)의 경우 현재 인도네시아에서 서비스를 시작하였는데, 태풍이 많고 쓰나미 등 기상에 민감한 지역이라서 적극적으로 시장 공략에 나서고 있다. 옴니텔은 앞으로도 해외시장이 더욱 확장될 것으로 보고 있다. 각 국가별 특성에 맞춰서 해외시장으로 나가는 노력을 꾸준히 한다면, 머지않아 매출증대라는 결실로 다가올 것이다.

옴니텔의 2007년 매출액은 58억원, 2008년에는 100억원 정도 매출을 예상하고 있다. 물론 매출에서 가장 많은 부분을 차지하는 것은 모바일 콘텐츠이다. 앞으로도 옴니텔이 개척해야 할 시장은 무궁무진하지만, 현재 경쟁력을 가진 모바일 콘텐츠를 안정적으로 운영해서 기반으로 삼고, 타 분야에서의 시장 경쟁력을 확보하기 위해 꾸준히 노력할 것이다.

▶ 3. IR*업무를 전문화하기 위한 선택

옴니텔은 기술력이 집적화된 IT 전문기업이다. 따라서 기술 분야
에는 강점을 가지고 있지만, 홍보·마케팅에 있어서는 상대적으로
노하우가 부족한 편이다. 기업의 기술력이 아무리 좋아도 이를 소
비자들한테 제대로 알리지 못한다면 매출이 발생할 수 없을 것이
다. 기업의 존재는 기술 개발에 있는 게 아니라 기술 개발을 통한
이윤의 창출에 있다. 옴니텔은 부족하다고 느끼는 홍보·마케팅 분
야를 아웃소싱 업체한테 맡겨서 이윤을 창출하고 있다.

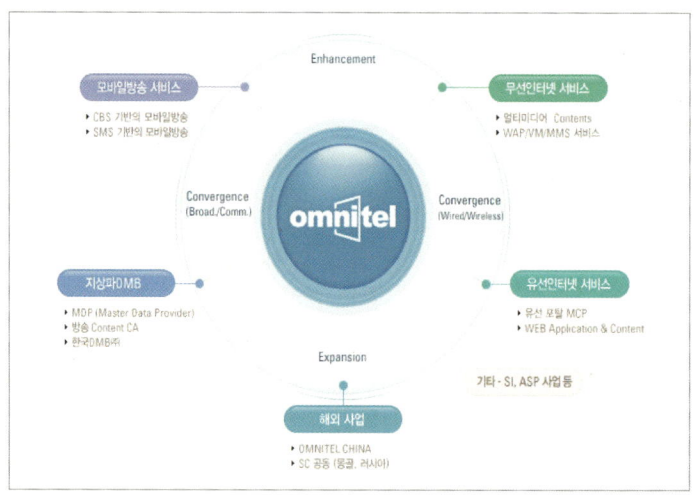

---

* IR(Investor Relation: 기업설명회)은 투자자를 대상으로 한 기업의 홍보활동을 의미한다. 그러
나 IR은 단순한 홍보와는 다르다. 일반적으로 홍보(PR)는 좋지 못한 것은 숨기고 좋은 것만
선택해 불특정 다수에게 알리는 것을 의미하는 반면 IR은 기업 내용에 관한 좋은 정보는 물론
부정적인 정보도 투자자에게 알려 주는 것을 가정하고 있다. 미국의 IR협회(NIRI)는 IR을 "기
업의 재무기능과 커뮤니케이션기능을 결합시켜 행하여지는 전략적, 전사적 마케팅활동으로 투
자가에게 기업의 실적과 미래상을 정확하게 제공하는 것"이라고 규정하고 있다.

옴니텔이 홍보·마케팅 분야에서도 특히 신경을 써서 아웃소싱을 실시하고 있는 부분은 IR로서 주로 보도 자료를 통한 업무가 주를 이루고 있다.

새롭게 상품을 출시하거나 신규로 계약을 맺는 등의 홍보 기사 거리가 있으면 아웃소싱 업체와 의견 교환을 통해서 보도 자료를 작성하고 배포하고 있다. 옴니텔은 주요 광고 수단인 미디어나 신문과 같은 매체를 잘 이용하지 않는다. 옴니텔의 제품은 이동통신사와 같은 기업의 선택을 통해서 소비자들한테 노출되기 때문이다. 이동통신사가 옴니텔의 콘텐츠를 선택하면, 그때의 홍보는 이동통신사가 맡게 된다.

이와 같이 옴니텔의 제품이나 서비스가 소비자와 직접 연결이 되는 것이 아니기 때문에 대부분의 홍보는 보도자료 배포를 통해 이루어진다. 특히 코스닥에 상장된 회사이다 보니 주가와 연동된 IR활동은 필수적이다.

따라서 기업설명서처럼 주식 관련 자료와 보도 자료를 혼합한 방식으로 홍보가 이루어지고 있다. 이러한 홍보 방식은 장기적으로 주가를 안정시키기 위한 목적으로도 활용되기 때문에 상장하지 않는 여타 업체들의 홍보와는 조금 다른 면이 있을 수 있다.

옴니텔이 자체적으로 IR업무를 진행했을 때 여러 문제들로 어려움에 봉착하고 말았다. 홍보의 특성상 기자들과의 관계나 교류 등이 지속적으로 필요한데, 그런 쪽에서는 인적 네트워크가 특히 부족했다. 인적 네트워크의 부족은 홍보를 위한 과장된 정보가 아니라 정확한 정보를 제공하려고 해도 의미 전달이 제대로 안 되는 경우까지 발생하기도 했다. 반면에 아웃소싱을 맡긴 전문 홍보업체의 경우는 우선 인적 네트워크 자체에서 옴니텔과 차이가 났으며, 홍보에 대한 노하우 역시 뛰어났다.

또한 옴니텔이 단독적으로 홍보업무를 했을 때는 기사가 보도되는 매체가 한정적일 수밖에 없었는데, 전문 업체를 활용한 IR은 많은 매체에 옴니텔의 정보를 제공할 수 있다는 점에서 상당히 긍정적인 효과들이 발생했다. 기사의 내용 또한 전문가의 손길을 거치기 때문에 보다 체계적이고 전문적이었다. 이는 보도 자료로서 상당한 신뢰를 갖게 되는 장점이 되었다.

옴니텔이 아웃소싱을 시작한 건 2008년 4월부터이다. 이전에는 정보제공 관련 신문사와 계약을 해서 보도 자료를 배포했었다. 일년에 일정한 지면을 할애받는 것을 조건으로 계약하고 그에 적합한 금액을 지불해서 보도 자료를 내는 시스템이었다. 물론 지금도 기존 방식은 유지하고 있다.

그러면서 아웃소싱 업체를 통해서 보다 다양한 매체를 이용한 홍보도 병행하고 있다. 홍보로서 기사작성이 필요할 때에는 옴니텔 실무 담당자들과 아웃소싱 업체가 함께 내용들을 토의해서 방향성을 결정하면 아웃소싱 업체에서 1차적으로 기사를 작성해 온다. 작성된 1차 기사는 옴니텔에서 내용을 검토하여 수정 작업을 거친 후에 아웃소싱 업체에서 이를 최종적으로 기사화하여 다시 옴니텔로 보내온다. 옴니텔은 이 기사를 외부로 보내게 된다.

옴니텔 사내에서는 경영기획팀에서 홍보 관련 아웃소싱 관리 업무를 맡고 있다. 경영기획팀은 총 4명의 직원으로 이루어져 있으며, IR 관련 업무를 포괄적으로 담당하는 전담 직원 1명이 배치되어 있다.

최초 아웃소싱 업체를 선정할 때에는 2~3개 업체로부터 견적서와 브리핑 자료를 받고 최종 발표회를 통해서 공급업체들을 비교한 뒤에, 최종적으로 한 업체를 결정했다.

공급업체와 관련된 정보 수집은 인터넷을 통한 검색이나, 직원들의 네트워크를 통해 이루어졌다. 옴니텔은 올 3월에 합병이 이루어졌는데, 합병했던 회사에서 지금의 홍보업체와 함께 일한 경험이 있었고, 대체적으로 업무 결과에 만족했던 터라 자연스럽게 지금의 업체를 우선순위에 두게 되었다. 물론 최종적인 결정은 경영진에 의해 이루어졌다.

옴니텔의 아웃소싱 공급업체는 '알림커뮤니케이션'이다. '알림커뮤니케이션'은 통신이나 IT 분야 기업들과 많이 거래하고 있었다. 이 점은 IT 분야에 대해서 전문성을 가지고 있는 것으로 판단하는 자료가 되었다. '알림커뮤니케이션'의 직원규모는 10명 내외 정도로 규모는 그리 크지 않다. 하지만 적은 인원임에도 불구하고 옴니텔의 업무를 전담하는 직원을 따로 배치해 놓고 있다.

아웃소싱 업체와의 계약은 6개월을 주기로 이루어지고 있다. 6개월 계약 후 그 성과를 토대로 다음 계약이 이루어지게 된다. 아웃소싱 비용은 회사에서 책정한 홍보예산을 바탕으로 업체와의 최종 협의를 통해 산정이 되고 있으며, 지급은 매달 이루어지고 있다.

연간 비용은 5천만 원 선에서 계약이 이루어지고 있다. 아웃소싱은 최초 투입되는 비용으로 많은 효과를 낼 수 있어야 한다. 처음 계약을 맺을 때는 한 달에 몇 건 정도 기사를 작성해서 보도할 것을 명시했지만, 기사거리의 발생 여부에 따라 그 양은 계약보다 조금 줄기도 하고 늘기도 한다. 최초 계약 내용에 비해 큰 차이가 없

다면, 비용은 그대로 지급되고 있다.

옴니텔 내부적으로 홍보업무를 처리했을 때 가장 어려운 점은 기사거리를 만드는 것이었다. 제품이나 서비스 개발의 홍보는 개발할 때부터 꾸준히 홍보를 진행하는 게 중요한데, 그 내용을 매번 다르게 만드는 것이 쉽지 않은 일이었다. 현재 아웃소싱 공급업체는 이러한 작업에 있어서 아주 탁월한 능력을 보이고 있다. 아쉬운 점은 아웃소싱 공급업체에서 정해진 분량 이외에도 기획 기사들을 많이 만들어 주길 바라지만, 현재는 옴니텔의 요구에 의해서 만들어지는 것이 전부이다.

아웃소싱 공급업체에 대한 만족도는 현재 절반 수준이라고 보고 있다. 아웃소싱을 시작한 지 얼마 되지 않았기 때문에 아직 평가를 내리기에는 이르다고 판단하고 있다. 하지만 50%의 만족도라고 해도 매우 크다는 것이 옴니텔의 입장이다. 현재까지는 아웃소싱 공급업체와의 큰 문제는 발생하지 않고 있다. 신뢰관계가 완전히 구축된 것이 아니기 때문에 큰 문제가 발생했을 경우 업체를 교체할 수도 있다. 시간이 지나면서 아웃소싱 업체에 대한 평가가 어떻게 변할지 모르지만, 현재 상황으로 봐서는 80% 이상의 만족도를 보일 것으로 기대하고 있다.

옴니텔은 상장회사이기 때문에 주가에 상당히 민감하다. 보통 보도 자료를 내게 되면 잠시 영향이 있지만 그 영향은 오래가지 않는다. 지속적인 영향을 미치지 못하는 것이 아쉬운 부분이다. 그렇기 때문에 꾸준하게 IR업무를 진행하는 게 더욱 중요해지고 있다.

▶ 4. 상생관계로 발전하는 것이
아웃소싱이 활성화되는 길

기사가 나가게 되면 미약하나마 주가에 영향을 미친다. 또한 이러한 보도 자료들은 홈페이지를 통해서도 바로바로 게시하고 있다. 이와 같은 기사들은 검색사이트를 통해서도 기사가 검색되기 때문에 불특정 다수의 사람들에게 회사이름을 노출시키게 된다. 회사의 인지도를 높이는 효과가 있으므로 IR업무는 꼭 필요하다. 다만 옴니텔에서는 비용 부담이 발생하기 때문에 지속적인 아웃소싱 여부는 최종적인 성과를 보고 판단하겠다는 입장을 가지고 있다.

현재 옴니텔에 아웃소싱 공급업체에서 바라는 점이 있다면, 조금 더 능동적으로 업무를 진행했으면 하는 점이다. 그와 관련된 여러 가지 이야기가 오고 가고 있지만, 아직까지는 서로를 파악하는 시간이기 때문에 적극적인 자세를 취하고 있지는 않다. 이는 앞으로 인연을 맺을지 모를 다른 아웃소싱 공급업체들에게도 바라는 점이다. 자신의 일처럼 능동적으로 업무에 임한다면, 수요업체와 공급업체 모두에게 이익이 될 수 있는 신뢰 관계가 구축될 것이다.

아웃소싱 공급업체의 의견

[아웃소싱 성과]

대외 언론홍보 활동에서 그 효과를 배가시키기 위해서는 각각의 역할에 충실해야 하는데 아웃소싱 공급업체는 정확한 지면조사 및 차별화된 기획력과 공격적인 대언론활동의 3박자를 모두 갖추어야 함. 수요업체는 해당 시장 및 자사경영 활동, 브랜드 동향 등의 정확한 정보를 제공해 주어야 함. 옴니텔과 알림커뮤니케이션은 서로 간의 충분한 협의와 원활한 커뮤니케이션을 통해 최대 효과의 홍보가 이루어질 수 있는 기반을 마련하였음

[아웃소싱 활성화를 위한 기업적/정책적 기대사항]

언론 홍보의 중요성에 대해 기업들이 간과하는 경향이 크기 때문에 아웃소싱 업체들의 영업활동을 위해서가 아니라 마케팅의 중요한 수단인 언론홍보에 대한 정확한 인식을 부여하는 데 더 큰 의미가 있음. 따라서 정부 산하 관련 기관이나 단체 측에서 이러한 자리를 자주 마련하여 언론홍보의 중요성을 기업들이 인식하도록 하는 노력이 필요함

2015년,
세계 5위 타이어회사를 목표로

:: 금호타이어와 대한통운

1. 첨단기술의 집합체 자동차 타이어

2. 세계 TOP 5로의 도약을 위해

3. 시간과 양의 싸움, 물류를 아웃소싱하다

4. 아웃소싱 성과에 대한 철저한 평가

구분	발주사
	금호타이어
업체명	
주요 업종	타이어 제조 및 유통
대표명	박삼구, 오세철, 김병섭
주소	광주시 광산구 소촌동 555
홈페이지	www.kumhotire.co.kr
요약	금호타이어의 물류 업무를 대한통운에서 담당, 대한통운이 물류업무를 전담하면서 금호타이어의 물류망이 체계적으로 구축되었음

➤ 1. 첨단기술의 집합체 자동차 타이어

자동차는 2만여 개의 부품이 한데 조립되어 탄생하는 기술의 집합체이다. 우렁찬 심장 소리를 울리며 차를 앞으로 굴리는 엔진, 공기를 가르며 눈부신 햇살을 반사시키는 차체, 코너를 돌 때마다 균형을 잡으려 몸을 움츠렸다 펼치는 서스펜스 등 대표 기술력과 헤드램프부터 조향장치, 제어장치에 이르는 모든 기계기술이 접합된 결정체가 바로 자동차다.

요즘 자동차들은 차량 자동 제어시스템(VDC) 등과 같이 첨단 IT 기술까지 접합되어 어디까지가 기술력의 끝인지 내기를 걸어오듯 첨단화되고 있다. 하지만 첨단기술과는 거리가 멀어 보이는 시커먼 고무바퀴가 첨단 기술로 무장되어 있다는 사실을 아는 사람은 많지 않을 것이다.

금호타이어는 첨단 기술을 활용하여 타이어를 생산하고 있다. 자동차 등 동력구동 운송 장비에 장착되는 타이어는 단순히 검은 고무로 만들어진 굴림보조 장치가 아니다. 때로는 부드러운 주행능력, 때로는 안전한 제동능력을 발휘하는 자동차의 필수 부품 중 하나이다. 자동차 타이어는 극한의 실험조건하에서 테스트를 수없이 반복해서 탄생한다. 무수히 반복되는 테스트를 통과하기 위해 수많은 기술들이 접목된다. 금호타이어는 이러한 기술력을 갖추고 우리가 안심하고 운전하고, 승차할 수 있는 자동차를 만들고 있다.

금호타이어는 2007년을 큰 포부를 가지고 맞이하였다. '2015년, 세계 5위 타이어회사'라는 비전을 가지고 전사 차원에서 전속력으로 질주할 것을 다짐하였다. 국내에 있는 생산 라인과 더불어 중국의 남경, 천진, 장춘 공장과 베트남 공장이 정상적으로 가동되기 시작하면서 국내뿐 아니라 해외에서의 생산량 증대에 박차를 가했다. 근래 들어 미국 공장 투자 계약을 체결하여 해외 생산 네트워크가 지속적으로 증대되고 있다.

 2008년에는 고유가, 원자재 가격 급등으로 인한 글로벌 비즈니스 자체가 큰 위협을 받고 있다. 이는 금호타이어에도 큰 위협으로 다가왔다. 하지만 금호타이어는 강한 도전 의지를 바탕으로 해외 생산량 확대, 지속적인 연구개발투자, 글로벌 마케팅 활동 등을 통해 브랜드 인지도를 높이고, 타사와 차별되는 핵심 기술을 제품에 적용하여 시장에서 높은 기술력을 가진 글로벌 기업으로의 입지를 더욱 굳힐 계획을 가지고 있다.

 이러한 금호타이어의 의지는 2005년을 신성장을 위한 '공격경영'의 해로 정하면서 시작되었다. 신뢰문화 구축활동과 인재육성 프로그램 실행으로 다져진 금호타이어만의 독창적인 내부 역량을 바탕으로 보다 공격적인 경영전략을 수립하여 높은 수익과 성장이라는

목표를 동시에 추구하여 세계 5위 타이어회사로 성장하고자 하는 비전을 수립했다.

금호타이어는 이러한 비전을 현실화하기 위해 '열린경영'을 통한 대내외 신뢰구축으로 기업 및 브랜드 이미지를 제고하는 윤리경영을 실천하고자 노력하고 있으며, 적기 의사결정으로 시장을 선점하는 합리경영, 고부가가치 제품 판매를 통한 수익성 향상 및 신공장 건설로 외형성장을 추구하는 경영전략을 펼치고 있다.

또 CDS를 통해 다기능을 보유한 핵심 인재 육성이라는 인재 경영 전략과 지속적인 연구개발 투자를 통한 UHP타이어 및 미래기술 개발체계 구축 및 기술수출 추진이라는 기술 경영을 펼치고 있다. 물론 KPI 관리를 통한 임직원의 경영 마인드와 미래기업 가치를 제고하는 수치경영·신뢰경영을 통한 수익성 제고를 위해서도 최선의 노력을 기울이고 있다.

이처럼 금호타이어는 공격적 경영을 통해 세계 TOP 5위권 진입을 목표로 성장하고 있다. 국외에 설립한 공장의 생산 효율을 높이고 공장 이전을 통한 생산량 증대 및 인건비 절감, 매출액 및 이익 증대를 향상시키고자 노력하고 있다. 또한 각광받고 있는 잉글랜드 프리미어리그의 맨체스터 유나이티드 FC에 스폰서 역할을 하는 등 세계시장을 겨냥하여 글로벌화 광고 전략을 펼치고 있다.

2. 세계 TOP 5로의 도약을 위해

금호타이어는 1960년 9월 설립되었다. 현재는 광주 본사를 주축으로 71팀 49부 30지점을 갖추고 있는 국내 2위의 타이어제조 회사로 성장했다. 금호타이어의 조직현황은 국내영업의 경우 5개 지역 30개 지점과 해외영업은 8개 법인, 11개 지사, 4개 사무소로 구성되어 있다. 매출액은 2007년 기준 2조 2억 원 정도이며 수출과 내수의 비중은 각각 40%와 60%로 수출의 비중이 더 높다. 금호타이어의 직원 수는 약 11,000여 명이다. 여기에 해외 법인에 종사하고 있는 5,500여 명을 추가하면 약 16,000여 명에 이른다.

금호타이어의 핵심 주력제품은 승용 타이어 제조라고 할 수 있다. 기존에 생산되고 있는 버스용, 화물용 타이어의 매출 비중을 늘리기 위해 연구개발 및 다각적인 시도를 꾀하고 있다.

금호타이어는 시장에서 치열한 경쟁을 하고 있다. 우선 동종업체를 살펴보면 국내에서는 금호타이어와 경쟁하고 있는 한국타이어, 넥센타이어를 꼽을 수 있다. 한국타이어가 시장점유율 1위를 달리고 있으며 그 뒤를 금호타이어가 쫓고 있다. 해외시장에서는 미쉐린, 브리지스톤, 굿이어, 한국타이어 등과 치열한 경쟁을 하며 해외시장 점유율 기준으로 11위를 지키고 있다.

금호타이어는 전반적인 제품수요의 감소추세와 업체들 간의 과다경쟁, 중국의 저가제품 공급에 따른 수출환경이 좋지 않아 다소 난관에 봉착하고 있다. 과거 IMF 당시의 경제위기를 돌이켜 보면 당시 금호타이어의 주력제품인 UHP타이어가 북미시장의 매출증대에 큰 기여를 하여 위기탈출에 일조하였으나, 현재는 여러 업체에서 동일한 제품을 출시하여 경쟁력 역시 상당 부분 약화된 형편이다. 또한 국내시장의 경우, 경기악화에 따른 소비자의 타이어 수요가 감소하여 매출에 비해 영업이익의 발생률이 다소 낮다고 볼 수 있다.

무엇보다 타 제조업체와 달리 타이어 관련 산업의 경우 소모성, 소비자의 구매패턴이 고정되어 있어 급작스런 변화에 의한 폭발적인 매출증대를 꾀하기란 어렵다고 한다. 그러나 향후 국내시장의 확대 및 지속적인 연구개발, 경쟁상황이 개선될 것이라는 낙관적인 전망을 하고 있다.

▓ 3. 시간과 양의 싸움, 물류를 아웃소싱하다

시장을 낙관적으로 전망하고 있다고 해서 금호타이어가 안일한 운영을 지속하고 있는 것은 아니다. 다른 제조업체들과 같이 금호타이어도 몸집 줄이기와 집중과 분산 등의 기준을 철저히 지키려 노력하고 있다. 금호타이어가 집중할 수 있는 연구개발과 생산 업무에 주력하는 대신 다른 업무의 경우 아웃소싱과 같이 보다 효과적인 방법들을 채택하고 있는 것이다.

금호타이어가 아웃소싱이라는 방법을 시행하고 있는 업무는 물류 분야이다. 처음 물류 업무 역시 금호타이어 자체 인력과 차량을 이용하여 수행한 적이 있었다. 그러나 시스템관리, 인력관리 등 여러 문제에 봉착하면서 해당 분야를 아웃소싱하기에 이르렀다.

금호타이어는 2003년 '대한통운' 측에 물류 업무를 아웃소싱했다. '대한통운'이 물류 업무를 전담하면서 금호타이어의 물류망이 체계적으로 구축되었다. 예전에는 물류에 대한 전문적 지식이 부족한 내부 인력이 물류파트에 편성되었었다.

총괄관리 역시 물류팀에서 담당하다 보니 생산 효율성 저하 및 체계적 관리가 이루어지지 않았다. 물류는 단순하게 많은 차량과 직원을 보유함으로써 원활히 이루어지는 분야가 아니다. 단순하게 고무라고 여기던 타이어에 첨단 기술이 숨겨져 있다면 물류 역시 단순한 운송이라는 인식의 내면에 관리 시스템이라는 기술이 숨어 있다.

물류는 시간과 양의 싸움이다. 언제 어느 정도의 물량을 누가 어떤 방식으로 전달하느냐를 결정해야 한다. 물론 이러한 결정은 주먹구구식으로 대강 결정할 수도 있다. 하지만 지금과 같은 고유가 시대에 이러한 방식을 사용한다면 소요되는 비용은 금방 눈덩이처럼 늘어날 것이다. 타이어 하나를 광주에서 서울까지 운송하기 위해 10t 트럭을 이용해야 하는 경우가 생기지 않으리라는 보장은 없다.

이 경우 소비자에게 10만 원에 판매되는 타이어를 40만 원 이상 소요되는 운송비를 지불하며 운송해야 하는 것이다. 다소 비약적인 사례이기는 하지만 그만큼 물류 시스템의 구축 필요성을 대변하는 사례로는 충분히 생각해 볼 여지가 있다. 최소한의 차량과 최소한의 인력을 투입하여 최대한의 물량을 적절한 시간과 장소로 운송할 수 있는 시스템의 구축이 필요한 것이다.

국내 물류센터 운영 및 차량 배송 분야를 '대한통운'에게 아웃소싱을 주면서 이러한 물류 시스템이 체계적으로 구축되었다. 물류 아웃소싱 업체인 '대한통운'이 인력운영, 물류센터 내의 문제점, 개선방안 등을 전문적인 시각에서 진단하여 금호타이어 물류센터를 총괄 관리하면서 비로소 대형 제조업체인 금호타이어가 제대로 된 물류시스템을 구축할 수 있었다.

금호타이어와 '대한통운'과의 계약 형태는 1년 단위로 매년 계약을 갱신해 나가는 방식을 취하고 있다. 최초 '대한통운'을 선택한 이유는 국내 최대 물류회사이자 우수한 물류시스템을 구축한 것이 주된 이유였다. 이후 세월이 흐르면서 경쟁입찰이나 외부건의와 같이 다양한 방식을 통해 타 업체의 선정을 고려한 바 있으나 국내 최고의 물류업체인 '대한통운'이 아웃소싱을 전담하면서 시너지 창출효과, 비용절감, 긴밀한 협조체제가 구축되었다.

따라서 2003년도 이후 특별한 업체변경 없이 협력관계를 유지하고 있다. 물론 2007년 금호그룹이 '대한통운'을 인수하면서 같은 계열사가 되었지만 이는 금호타이어가 아웃소싱을 활발히 진행한 후 일어난 일이기 때문에 아웃소싱 공급업체 선정에 아무런 영향을 미치지 않았다. '대한통운'에 아웃소싱을 도입함에 따라 기존 자체적으로 물류 업무를 수행했을 때에 비해 비용 측면은 물론 운송시간 단축, 운송사고 비율 감소 등의 선효과가 나타났고, 이러한 효과는 '대한통운'에 대한 믿음을 보다 확고히 하는 계기로 작용하였다.

현재 금호타이어에서 아웃소싱 업체를 전담하는 부서는 한국물류팀 내 물류3팀이다. 물류팀장과 담당자 2명이 아웃소싱업체인

'대한통운'을 직접 상대하고 있다. 아웃소싱 공급업체인 '대한통운'에서 금호타이어를 전담하고 있는 인력은 총 200여 명이다. 이 중 광주공장을 직접적으로 전담하는 인력은 5명이다. 간혹 문제가 발생할 경우 수시 협의를 통해 추가비용발생 및 개선점 등을 상호 협의하고 있다.

아웃소싱업체인 '대한통운'을 평가하는 매뉴얼은 개별적으로 갖추고 있다. 금호타이어가 믿음을 가지고 상당 기간 아웃소싱을 주고 있는 '대한통운'과 매년 계약갱신을 통해 거래하고 있지만 지켜야 할 원칙은 확고히 하고 있다. 물류센터 내의 제품관리, 보관능력, 운영능력 등을 일 년에 1회 평가하며 익년 계약 시 평가를 100% 반영하고 있다.

▶ 4. 아웃소싱 성과에 대한 철저한 평가

물류 아웃소싱에 대한 금호타이어 내부 경영자 및 직원들의 반발은 거의 없다고 볼 수 있다. 타이어제조업체의 특성을 타 물류업체보다 이해하고 있다는 점이 '대한통운'이 지닌 경쟁력이라고 생각되어 5년 이상의 기간이 흘렀지만 아직까지 상호 신뢰 속에 협조체계를 다지는 단계라고 보고 있다.

그러나 아웃소싱의 부작용 또한 없지는 않다. 금호타이어가 가지고 있는 물류환경, 즉 창고나 저장시스템을 확장하기에는 한계를 가지고 있다. 하지만 '대한통운'에서는 보다 완전한 형태의 환경을 원하고 있기 때문에 이를 두고 서로 간의 마찰이 발생한 경우도 있다. 새로운 설비의 추가 설치는 결국 비용의 부담으로 다가올 수밖에 없다. 자체적으로 업무를 처리하였을 경우 이러한 의견이 경영상의 결정에 미치는 영향이 적지만 아웃소싱이라는 특수한 관계에 있기 때문에 의견을 받아들일 수밖에 없다. 따라서 예기치 않은 비용 부담이 발생하기도 한다.

이는 아웃소싱의 최대 장점인 비용 절감 효과를 반감시키는 결과가 발생할 수 있다. 또한 과거와 같이 자체적으로 업무를 처리하는 방식이 아닌 외부기업에 아웃소싱을 주면서 대금결제에 관련된 불협화음이 가끔 발생하고 있다. 즉 회사와 회사가 만나는 특수한 관계이다 보니 이에 따른 상호 간의 이해가 다소 부족하며 추가비용 발생에 따른 대금결제 등에 있어서는 서로 생각하고 있는 바가 달라 돈독한 협조체계가 가끔 깨어지기도 한다.

현재 아웃소싱 비용에 대한 정확한 집계는 불가능하다. 금호타이어 전체 매출액 중 10% 정도가 물류비용이며 금호타이어가 내수시장 물류에 대해 '대한통운'에게 지불하는 아웃소싱 비용은 매년 500~600억 원 정도이다. 이 중 광주공장의 경우는 매년 150~200억 원 정도가 지불되고 있다.

과거 국내센터를 자체적으로 보유했을 때는 전국에 산재되어 물류센터에 대한 효율적인 관리가 어려웠으나, 현재는 아웃소싱을 통해 각 지역에 흩어져 있던 센터들을 한 지역으로 센터를 통합하여 운영함으로써 효율성 확보라는 성과를 거두었다. 특히 '대한통운'은 창고분야에서 렉시스템과 내부적으로 WMS시스템을 도입해 재고관리의 효율성을 향상시키는 성과를 발휘해 금호타이어 물류 시스템 개선에 일조한 성과를 크게 평가하고 있다.

금호타이어는 규모적인 측면에서 볼 때 호남권에서 물량이 큰 비중을 차지하고 있는 반면에 정부의 물류에 대한 할인정책 및 다양한 지원정책이 미흡하다고 생각된다. 수도권 이외 지역의 기업에 대한 지원은 꾸준히 이루어지고 있지만 그 기업들을 상대하는 기업에는 별다른 지원이 이루어지고 있지 않은 것이다.

물류 아웃소싱과 관련되어 유가급등 및 기타 조건에 따른 파업 시에 정부의 역할이 미흡한 부분도 개선될 필요가 있다. 비교적 영세한 규모의 아웃소싱 업체가 많은 현실에서 급격한 경제 상황 변화는 해당 기업들이 미처 적응하기도 전에 큰 위기로 다가온다. 아웃소싱 업체의 위기는 결국 아웃소싱 수요업체의 위기로 다가올 수도 있다. 따라서 이러한 위기를 타개할 수 있는 정책적 지원을 통해 아웃소싱 공급업체와 수요업체 모두 위기를 극복할 수 있는 상호 협력적 관계가 꾸준히 유지되었으면 한다.

아웃소싱 도입 후 직원 단합과 생산성 향상 이루어 12.

:: (주)맑은식품과 삼정법무법인

1. 무공해 두부, 콩나물 판매로 월매출 12억 이루어

2. 정기 산행 통해 회사에 대한 유대감과 소속감 높여

3. '무공해 식품 인증 및 식약청 HCCP인증 획득해'

4. '안정적인 시장 공략으로 위험성을 줄일 것'

5. 향후 소비자의 신뢰를 받는 기업으로 키워 나갈 것

6. 노무관리 아웃소싱이 노사 간의 단합 이루어 내

7. 업무능력과 기술력을 핵심 평가요소로
   관리평가 매뉴얼 작성

8. 아웃소싱을 통해 매출은 증가하고, 비용 발생은 줄어들어

9. 아웃소싱 활성화 위해서는 정부의 지원과 개발이 요구돼

구분	발주사
업체명	(주)맑은식품 
주요 업종	두부, 묵, 콩나물 등 제조업
대표명	김석원
주소	충청북도 음성군 삼성면 상곡리 748번지
요약	노무관리에 대한 아웃소싱을 통해서 직원들을 융합하였고, 이를 통해 생산성을 향상시켜 매출을 증대시키려는 목표를 잡았으며, (주)맑은식품은 이를 어느 정도 달성했다고 보고 있음

▓▒ 1. 무공해 두부, 콩나물 판매로 월매출 12억 이루어

㈜맑은식품은 2005년 4월에 설립된 기업으로, 2년여 간의 생산 준비 기간을 거쳐 2007년 2월에 첫 생산을 시작하였다. 회사를 설립한 김석원 대표는 유통 사업에 종사하던 경력을 바탕으로 두부, 콩나물 판매 사업에 뛰어들게 되었으며 현재 성공적으로 기업을 운영하고 있다.

처음 회사를 설립했을 당시에는 월매출이 1,000만 원 수준에 불과한 소규모 업체였으나, 현재는 월매출 12억 원 정도를 달성하고 있는 탄탄한 기업으로 성장하였다. 두부와 콩나물 등을 판매하여 월매출 10억 이상을 이루고 있다는 것은 같은 업종의 업체들 간에서 ㈜맑은식품의 제품 경쟁력이 월등히 높다는 것을 말해 준다.

㈜맑은식품은 전남 화순에 모기업을 두고 있으며, 회사 연혁은 10여 년 정도 되고 있어서 지금은 회사 경영이 어느 정도 궤도에 오른 상태이다. 물론 회사가 설립된 초창기에는 얼마 동안 금전적인 어려움을 겪기도 했다. 그러나 경영진과 직원들이 한마음 한뜻으로 뭉쳐서 회사를 살리기 위해 부단히 노력한 끝에 그러한 어려움을 극복할 수 있었다. 이제는 업계의

명실상부한 중견기업으로 성장해 있다.

2. 정기 산행 통해 회사에 대한 유대감과 소속감 높여

현재 회사의 직원은 총 70명 정도이며, 그중에 20여 명은 외국인을 고용하고 있다. 처음에는 기존 직원과 외국인 직원 간의 의사소통 문제와 문화적 차이로 인한 어려움이 존재했으나, 이제는 한식구처럼 서로를 이해하고 존중하는 문화가 형성되어 이러한 어려움을 슬기롭게 극복해 내고 있다. 얼마 전부터 직원들과 월 1회 단체 산행을 시행하고 있는데, 호응도가 매우 좋은 편으로 가족단위의 산행도 종종 이루어지고 있다.

처음 월례 산행을 시작하게 된 계기는 직원들 간의 협동 정신을 키워 맨파워를 더욱 향상시키고, 회사에 대한 유대감과 소속감을 높이기 위해서 김석원 대표가 직접 제안한 것이라고 한다. 산행을 시작하게 된 후 직원들끼리 단합도 훨씬 잘되고 있으며, 서로 간의 의사소통도 잘 이루어져 업무에 있어서도 매우 긍정적인 효과를 이끌어 내고 있다고 한다.

(주)맑은식품은 앞으로도 정기 산행과 같이 직원들이 함께 참여할 수 있는 이벤트나 가족 단위 행사 등을 기획해 서로 친목을 다지고 한 가족 같은 회사를 만들어 나갈 계획이다.

⫸ 3. '무공해 식품 인증 및 식약청 HCCP인증 획득해'

㈜맑은식품은 2007년 4월 무공해 식품 인증을 획득했으며, 2007년 8월 식약청으로부터 HCCP(식품위해요소중점관리제도)인증을 받는 등 위생 관리나 품질 면에서 인정을 받고 있다. 또한 2008년 2월 벤처 인증을 받는 등 대내외적으로 우수한 기술을 보유한 업체로 알려지게 되었다. 이러한 점들은 영업을 할 때 플러스 요인이 되어 매출 증가에 크게 기여하고 있다.

주요 거래처는 CJ제일제당, 신세계푸드, 홈플러스, 농협 등 대기업들이 주를 이루고 있으며, 그 밖에도 여러 중소기업과도 거래가 이루어지고 있다.

현재 회사가 주력하고 있는 분야는 두부, 콩나물, 묵 이렇게 세 분야이다. 향후 추진사업으로 콩 생산품의 재활용 부분을 눈여겨보고 이 부분에 대한 연구·개발 중에 있다. 이 분야는 경쟁 상대가 아직 많지 않으며, 개발에 따른 초기 자본금도 많이 들지 않고 안정적이라 큰 관심을 두고 있다.

(주)맑은식품의 작년 매출은 42억 원 정도 수준이고, 올해는 작년 대비 약 3배 정도인 110억 원을 예상하고 있다. (주)맑은식품

매출의 대부분은 대기업에 대한 납품으로 발생하고 있다. 아직까지는 (주)맑은식품의 자체 브랜드를 달고 있는 제품 판매가 많지 않은 상황이다.

그러나 대기업 납품으로만 만족하지 않고, ㈜맑은식품이라는 브랜드를 홍보해서 소비자에게 적극적으로 다가가기 위한 계획을 가지고 있다. 아직은 역량이 부족하지만, 궁극적인 목표는 풀무원과 같은 식품 전문 제조 기업으로 성장하는 것이다.

4. '안정적인 시장 공략으로 위험성을 줄일 것'

타사와 차별화된 경쟁력을 갖추기 위해서 ㈜맑은식품은 지금도 끊임없이 노력 중이다. 그 일환으로 두유처리를 위해서 벤처 인증을 받았다. 또한 기업 설립 시 두부, 콩나물을 주력 사업 분야로 선정한 것 역시 틈새시장을 공략하기 위한 전략이었다. 대체적으로 두부와 콩나물은 경제 여건에 큰 영향을 받지 않고 일정한 양의 소비가 꾸준히 이루어지는 보수적인 소비 식품으로 분류된다.

두부나 콩나물 등은 가격도 저렴하고 어디서나 쉽게 찾을 수 있는 강점이 있기 때문에, 값비싸고 구하기 어려운 식품을 취급했을 때와는 달리 안정적인 판매가 이루어질 수 있다. 향후 ㈜맑은식품이 주력하려는 사업 분야들 역시 값이 비싸지 않고 저렴한 식품들의 상품화이며, 이는 안정적인 판매를 위한 회사 경영 전략과 맞닿아 있다.

최근 주 거래처인 CJ제일제당의 업계 점유율이 높아지면서, 회사 매출액이 계속 증가세를 보이고 있는 추세이다. CJ제일제당은 두부, 콩나물 업계 진출 초반에는 7% 정도의 점유율에 머물렀으나, 근래에는 23% 정도까지 성장할 정도로 제품 판매가 꾸준히 늘어나고 있다. CJ제일제당의 성장은 곧 ㈜맑은식품의 성장이기도 하다.

⁂ 5. 향후 소비자의 신뢰를 받는 기업으로 키워 나갈 것

(주)맑은식품의 앞으로의 시장 전략은 손맛을 느낄 수 있는 중저가의 상품을 개발해 까다로운 소비자의 입맛을 충족시키고, 100% 국산 콩을 사용한 식품으로 안전을 염려하는 소비자들을 사로잡겠다는 것이다. 최근 들어 각 식품 제조회사들마다 기능성 상품으로 개발된 두부와 콩나물 제품을 선보이고 있으나, 소비자들은 제품의 가격만 비싸다고 느낄 뿐 정작 본연의 맛을 느끼지 못해서 이들을 꾸준히 소비하지 않는다고 한다.

이를 간파한 ㈜맑은식품은 값비싼 기능성 상품보다는 식품 본연의 맛을 살리고, 손맛을 느낄 수 있는 동시에 가격적으로도 저렴한 중저가 상품들의 개발에 초점을 맞춰 나갈 예정이다. 이러한 제품들의 개발을 통해 합리적인 소비자들을 사로잡아서 시장 확대를 해 나간다는 전략이다. 특히 최근 문제가 되고 있는 멜라닌 등 식품 안전 문제에 민감한 소비자들이 안심하고 구입할 수 있도록

100% 국산 재료로 만든다는 점을 적극 홍보하여 앞으로도 꾸준히 두부, 콩나물 소비 시장의 점유율을 높여 나갈 것이다.

(주)맑은식품은 식품을 주로 다루는 업체라는 특수성을 감안, 식품안전과 위생에 관하여 엄격하고 체계적으로 다루고 있다. 이를 위해 직원들에게 주기적으로 위생 및 식품 안전에 대한 교육을 실시하고 있으며, 내 가족이 믿고 먹을 수 있는 깨끗하고 안전한 식품을 생산해 낸다는 자부심을 심어주고 있다.

현재 회사의 규모를 키우는 것은 어느 정도 성공을 거두었다고 내부적으로 평가하고 있으며, 이제는 회사의 외적인 성장뿐 아니라 (주)맑은식품의 라벨이 붙은 식품에 대한 소비자의 믿음과 신뢰를 키워 나가는 데에 더 많은 중점을 두고 있다.

⁑ 6. 노무관리 아웃소싱이 노사 간의 단합 이루어 내

현재 ㈜맑은식품은 노무관리 부분의 아웃소싱을 하고 있다. 이를 통해서 상품의 특성과 향후 성장 가능성, 동종 업계의 급여 실태 등을 비교 분석해서 회사 실정에 맞도록 취업 규칙 및 근로계약서 등을 작성받아서 적극 활용하고 있다. 또 좋은 노사 관계를 위한 정보를 제공받기도 한다.

처음 노무관리 부분의 아웃소싱을 하게 된 계기는 순수 직원들과, 외국인 직원, 용역 직원 등 회사 내 직원들의 인적 구성이 단순하지 않아서 서로 간의 화합이 이루어지지 못했다. 사내에 노무 관리 전문가 또한 보유하고 있지도 않았기 때문에 직원들 간의 갈 등은 큰 문제가 아닐 수 없었다.

(주)맑은식품 자체적으로 해결하기에는 그 한계를 넘어섰기 때문에 아웃소싱을 선택했다고 할 수 있다. 노무관리에 대한 아웃소싱을 통해서 직원들을 융합하였고, 이를 통해 생산성을 향상시켜 매출을 증대시키려는 목표를 잡았으며, (주)맑은식품은 이를 어느 정도 달성했다고 보고 있다.

💥 7. 업무능력과 기술력을 핵심 평가요소로 관리평가매 뉴얼 작성

현재 (주)맑은식품 내에서 아웃소싱에 대해서 기획하고 추진을 하는 부서는 관리팀으로, 여기서 아웃소싱 관련 업무를 도맡아서 하고 있다. 아웃소싱 공급업체는 평택에 소재하고 있는 '삼정노무 법인'으로 이제 약 6개월 정도 진행 중에 있다. 전담 노무사 한 명이 관리팀 직원들과 함께 업무를 진행하고 있으며, 이로 인해 발생되는 비용은 연간 약 1,000만 원 정도로 (주)맑은식품에게는 크게 부담되는 비용은 아니다. 아웃소싱 비용은 전체 매출에서 약 0.1% 정도 수준으로 잡고 있다.

(주)맑은식품은 현재 진행되고 있는 노무관리 부분에 대한 아웃소싱을 앞으로도 계속 시행할 생각이다. 처음 아웃소싱을 계획할 때 우선순위를 둔 것은 전문 인력 확보에 있었다. 관리팀장은 업무상 맺은 관계를 통해서 관련 정보들을 수집하였고, 그렇게 수집된 여러 법무법인들의 정보들을 비교하고 검토하였다.

결국 그중에서 '삼정법무법인'이 가장 적당하다고 판단되어 선정하게 된다. 특히 '삼정법무법인'은 전문성이 뛰어났고, 업무 처리 역량 또한 충분하다고 판단되었다. 함께 작업해 온 지난 6개월간, '삼정법무법인'에 대해서 크게 만족할 뿐만 아니라 만족도를 넘어서는 전폭적인 신뢰까지 하게 되었다. 현재 맺고 있는 1년 계약이 완료되면, 다시 '삼정법무법인'과 재계약을 할 계획이라고 한다.

(주)맑은식품은 현재까지 아웃소싱 공급업체를 관리하는 매뉴얼을 따로 갖고 있지는 않았다. 하지만 앞으로는 아웃소싱 공급업체에 관한 관리평가 매뉴얼을 작성해서 재계약 시 중요한 판단자료로 사용할 계획을 가지고 있다. '아웃소싱 공급업체 관리평가 매뉴

얼'을 작성한다면, 업무능력과 기술력을 핵심 평가요소로 삼을 것이다. 이러한 객관적 기준을 마련한다면, 앞으로 늘어날 아웃소싱에 대해서 적절하게 대처할 수 있을 것이다.

ⅲ 8. 아웃소싱을 통해 매출은 증가하고, 비용 발생은 줄어들어

아웃소싱에 대해 김석원 대표를 비롯해 임직원들 모두가 상당히 긍정적이다. 업무적인 측면에서 '삼정법무법인'에 판단 기준을 명확하게 제시해 줌으로써, 직원들이 갖고 있던 회사에 대한 불신을 사라지게 했으며, 그로 인해서 노사 간의 단합이 원활하게 유지되고 있기 때문이다.

이것은 직원들의 업무 능력 향상을 가져왔고, 매출 또한 지속적으로 늘어났다. 또한 안전사고와 같은 비용 발생이 줄어드는 효과를 얻었다. 전문 인력 활용으로 직원들의 능력을 향상시키는 것은 작업량에 있어서도 새로 인력을 충원하는 것 못지않은 효과를 가지고 있었다. 따라서 인력을 더 탄력적으로 운용할 수 있게 되었고, 외부에서의 불만도 줄어들어서 긍정적인 회사 이미지 구축에도 도움이 되고 있다.

사실 아웃소싱을 시작할 당시에는 큰 기대를 하지 않았다. 그러나 아웃소싱을 통해서 회사 임직원들의 융합과 단합을 이루고 안정적인 조직 시스템을 구축·운영하게 되어 예상외의 좋은 평가와 성과를 얻어내고 있다. 또한 아웃소싱 공급업체와의 거래로 인해서 재정 효율성이 높아진 측면도 긍정적으로 보고 있다. (주)맑은식품 내에 전문 인력을 고용하는 것에 비해서 훨씬 저렴한 비용으로 질 높은 서비스를 받고 있는 것이다.

아울러 인력 수급 측면에서도 전문가를 확보해야 된다는 압박감에서 벗어났다. 특히 회사가 위치한 지리적 여건상(산업단지) 인력 채용이 상당히 어려운데, 노무관리 아웃소싱을 통해서 맞춤형 인재 풀을 확보하게 되었으며, 전문가에 의해서 수월하고 매끄러운 일처리가 가능해졌다는 것이다.

물론 아웃소싱을 하면서 단점도 존재한다. 아웃소싱을 통해 인력이 들어오게 되면 다른 직원들에 비해 회사에 대한 소속감이 부족한 측면도 없지 않아 있다. 또 소위 말하는 자격지심을 갖는 경우도 간혹 볼 수 있는데, 이런 것들을 불식시켜 나가는 것이 회사의 중요한 과제라고 보고 있다. (주)맑은식품은 무엇보다도 사람과 사람과의 관계를 중요하게 여기고 있고, 기업이 진정 추구해야 할 가치관이라 생각하고 있다.

아웃소싱 공급업체와 문제가 발생할 때에는 ㈜맑은식품이 해결 주체가 되어 적극 노력하고 있으며, 해결방식은 사안마다 다르게 대응하고 있다. 현재까지는 '삼정법무법인'에 크게 바라는 점은 없다. 그 이유는 전문성의 확보와 업무의 효율성 증가로 평가에 있어서 후한 점수를 받고 있기 때문일 것이다. 또한 아직 노무관리부분에 있어서 (주)맑은식품의 전문 지식이 부족하기 때문일 수도 있다.

9. 아웃소싱 활성화 위해서는 정부의 지원과 개발이 요구돼

현재 ㈜맑은식품에서는 산업안전과 보건안전, 물류, 인력채용 부분 등 네 분야를 아웃소싱하고 있다. 앞으로 사무업무 분야의 아웃소싱을 도입하려는 계획이 있으며, 이를 통해 비용절감과 업무의 고급화 등을 기대하고 있다. 앞으로 ㈜맑은식품의 아웃소싱 규모는 더욱 늘어날 것이라고 예상되고 있는데, 그 이유는 기업 경쟁력을 향상시키는 방편으로 아웃소싱을 통한 전문성 강화가 필요하기 때문이다.

여러 중소기업들이 전문 인력을 활용하고 싶어 하지만, 막상 채용하려고 하면 적당한 인력이 없어서 어려움을 겪고 있다. 전문 인력에 대한 비용 지출이 대부분의 중소기업들이 감당할 수 있는 수준을 넘어서기 때문인데, 아웃소싱을 통하면 직접 고용하는 효과를 보면서 비용은 현저히 낮출 수 있다. 이것은 아웃소싱을 실제 진행하면서 얻은 경험이다. ㈜맑은식품의 아웃소싱은 계속 늘어날 전망이다.

아웃소싱을 통해서 큰 효과를 얻기 위해서는 가장 먼저 회사가 처한 위치를 정확히 진단해야 한다. 이러한 사전 진단을 기본자료 삼아서 기업 현황을 면밀히 분석해야 한다. 어떤 분야에 아웃소싱을 적용하는 것이 유리할까, 아웃소싱을 통한 효과는 어떤 것이 있으며, 그 효과의 크기는 얼마나 될까 등을 정확히 판단해야 한다. 막연하게 아웃소싱을 했다가 기대감에 못 미쳐서 실망하는 경우도 있는데, 이것은 곧 비용 손실이 돼서 오히려 회사에 타격을 줄 수도 있다.

또한 아웃소싱 공급업체의 특성을 최대한 이해해서 의사소통을 원활하게 해야 한다. 아웃소싱에 성공한 여타 기업의 사례 등을 꼼꼼히 살펴보고, 이를 벤치마킹하는 것도 좋은 방법이다. 아웃소싱 업체를 선정할 때 명확한 기준을 통해서 선정하고, 관리 매뉴얼 등을 확보해서 정확한 평가 기준을 만들어 놓는 것도 업무 차원에서 많은 도움이 될 것이다.

아웃소싱이 활성화되기 위해서는 각 기업들이 아웃소싱에 대한 인식을 획기적으로 전환을 해야 할 것이다. 대개의 기업들이 아웃소싱 비용에 대해서는 인색한데, 이것은 마지못해 아웃소싱을 한다고 생각하기 때문일 것이다. 아웃소싱이 기업의 효율성을 높이고 비용을 절감할 수 있는 좋은 대안이라는 점을 인식하고, 이를 적극 활용하려는 자세가 필요할 것이다.

아울러 정부산하기관이 산업의 방향을 중소기업 쪽으로 포커스를 맞추어서 부분적으로 부족한 부분을 지원 및 개발하려는 노력을 적극 기울여야 할 것이다. 또한 아웃소싱을 적극 장려하고 아웃소싱 업체들에 대한 지원은 물론 양질의 업체들이 생겨날 수 있도록 창업 · 컨설팅 지원을 하는 것 역시 필요하다고 본다.

人事는 萬事다!

:: 한국산업단지공단과 커리어넷

1. 공간과 가치를 동시에 창조하는 한국산업단지공단

2. 한국산업단지공단 산업단지 통합서비스의
   Global Standard를 향하여……

3. 기업의 성공파트너, 한국산업단지공단

4. 기업중심 · 정보중심 미래를 향한 산업단지 구축

5. 人事는 萬事이다! 그래서 아웃소싱이다

6. 인재 채용 아웃소싱 공급업체에 대한 신뢰

7. 아웃소싱 능력－공급과 수요 업체 경험의 조화

8. 아웃소싱으로 인한 유익은 사업 외적인
   부가적성과 도출에 있다

9. 인재의 등용은 보다 철저하게 투명하고
   객관적이어야 한다

구분	발주사	공급업체
	한국산업단지공단	커리어넷
업체명		
주요 업종	공공기관, 산업단지 관리 및 운영	온라인 리크루팅
대표명	박봉규	김기태
주소	서울시 구로구 구로동 188-5 한국산업단지공단	서울시 강남구 도곡동 453-13 커리어빌딩
홈페이지	www.kicox.or.kr	www.careernet.co.kr
요약	커리어넷에서 한국산업단지공단의 신입직원 채용을 대행, 채용을 위한 광고와 홍보를 통해 온라인 입사지원서 접수, 온라인 서류심사, 안적성 검사 진행을 통해 선발된 인력 명단 제출과 면접자료를 제공함	

⚞ 1. 공간과 가치를 동시에 창조하는
한국산업단지공단

　한국 경제발전의 상징인 '굴뚝'을 가장 많이 접할 수 있었던 산업단지, 그곳은 한국전쟁 이후에 우리의 희망이었으며, 급속한 산업 발전기에는 젖줄의 역할을 했었다.

　현재 산업단지는 도심 재개발 등의 정책이 추진되면서 대표적인 흉물로 자리 잡기도 했지만, 경제발전과 함께해 온 산업 역군들의 피와 땀, 그리고 정열이 배어 있는 곳이다. 산업단지는 공간적인 의미와 함께 무엇인가를 생산하고 창출하는 가치발전소이기도 하다.

　이러한 산업단지를 『산업집적활성화 및 공장설립에관한 법률』에 의거하여 국가산업단지 관리권자인 지식경제부장관으로부터 관리 업무를 위탁받아서 단지의 개발 및 관리와 입주 기업체의 생산 활동 지원 등을 위해 설립된 곳이 '한국산업단지공단'이다.

⚞ 2. 한국산업단지공단 산업단지 통합서비스의
Global Standard를 향하여……

　한국산업단지공단은 산업단지의 개발 및 관리와 입주기업의 생산 활동을 지원함으로써 지속적인 산업발전을 통하여 국가경제 발전에 기여하고자 설립된 산업단지 전문 관리기관이다.

현재 한국산업단지공단이 관리하고 있는 43개의 국가·일반 산업단지는 우리나라 제조업 총생산의 약 33%, 수출의 45%, 고용의 25%를 차지할 만큼 국가와 지역경제의 성장기반으로서 중추적인 역할을 담당하고 있다.

한국산업단지공단은 산업단지를 단지 물리적으로만 개발, 관리하는 것이 아니라, "산업단지 혁신클러스터와 신산업공간 창출로 기업가치 증진에 기여"한다는 임무를 설정하고, 산업단지의 가치창출을 위해서 산업단지 통합서비스 체계 확립에 최선을 다하고 있다. 한국산업단지공단의 비전은 "산업단지 통합서비스의 Global Standard 실현!"이다.

이는 산업단지 입주기업에 대한 종합적이고 체계적인 공간제공서비스와 경영지원서비스(산업단지 통합서비스)를 통해 산업단지 관리지원 업무의 표준화, 전문화, 통합화를 통한 산업단지 지원서비스의 표준모델 확립을(Global Standard) 도모하고자 하는 것이다.

한국산업단지공단은 이러한 비전을 달성하기 위하여 산업단지혁신클러스터 창출, 신산업공간 창출, 기업가치의 증진*이라는 구체적 전략을 마련하여 지금도 산업발전의 현장에서 솔선수범하고 있다.

---

* 첫째, 산업단지혁신클러스터의 창출은 산업단지 중심의 산, 학, 연, 관의 유기적인 네트워크 구축과 집작화를 선도하여 산업단지의 경쟁력을 제고시키는 것이며, 둘째, 신산업공간 창출은 생산기반의 조성뿐만 아니라 주거, 연구, 문화 등이 균형적으로 어우러질 수 있도록 다양한 산업 기능을 결합하는 새로운 개념의 산업공간 창출을 말함. 셋째, 기업가치 증진은 입주기업의 경쟁력과 가치증진에 공헌하여 지역경제 활성화와 국가경쟁력을 강화시키는 것임.

▶ 3. 기업의 성공파트너, 한국산업단지공단

한국산업단지공단은 『KICOX at 2015: 100년 기업의 성공파트너』라는 중장기 경영목표를 수립하고 사업부문, 시스템부문, 역량부문으로 영역을 구분하여 실천전략*을 마련하고 있다.

이사장을 포함한 429명의 임직원(2007년 현재)이 총 43개 산업단지(국가산업단지 23개, 일반산업단지 9개, 외국인투자지역 8개, 농공산업단지 3개 등 2008년 현재)**를 관리 중에 있다. 현재 한국산업단지공단에서 관리 중인 산업단지에는 약 27,000개 업체가 307조 원을 생산하며 1,445억 불 정도를 수출하고 있으며, 68만 명 정도가 고용되어 있다.

한국산업단지공단은 2008년도에 4대 목표, 8대 과제를 설정하고 산업단지 개발·관리 업무의 내실화, 산업단지 혁신 클러스터 성장기반 확립, 고객만족도 향상, 내부경영 효율화를 통한 핵심역량 강화 등을 위해 매진하고 있다.

한국산업단지공단의 주요 업무는 혁신클러스터사업, 산업단지관리운영, 외국인투자지역, 신산업입지공간제공, 지원서비스업무, 공

---

* 사업부문(사업기반 확대 및 안정화): 한국형 산업단지 혁신클러스터 기반 창출, 산업단지의 효율적인 관리/운영 및 구조 고도화, 수요자 중심의 산업입지 공급 확대, 지원서비스의 고도화 시스템부문(경영효율화): 전략적 경영관리제도의 정착, 경영정보시스템의 통합, 인력구조의 전략적 재편, 인사관리 합리화, 조직구조 및 업무프로세스 개선
  역량부문(핵심역량 극대화): 인재 육성 및 전문성 강화, 조직기반 역량 강화, 기업이미지 제고 및 조직문화 혁신, 국제적 역량 강화 및 네트워크 구축.
** 현재 한국산업단지공단에서 관리 중인 총 43개의 산업단지 중 국가산업단지(23개)는 서울, 부평, 주안, 남동, 북평, 파주출판, 파주탄현, 반월, 시화, 아산, 석문, 구미, 오송과학, 창원, 울산, 온산, 안정, 녹산, 여수, 군산, 군장, 익산, 광주, 대불, 광양 등이며, 일반산업단지(9개)는 북평, 진사(임), 정관, 신평장림, 신호, 과학, 기룡1, 장호원 등임. 외국인투자지역(8개)은 구미, 천안, 인주, 오창, 오송, 진사, 평동, 대불 등이며, 농공산업단지(3개)는 동화, 삼계, 정관 등이 있음.

장설립지원, 공동물류지원사업, 산학연통합정보망구축운영, 산업입
지 조사 및 연구 등으로 구성되어 있다.

⫸ 4. 기업중심·정보중심 미래를 향한 산업단지 구축

한국산업단지공단은 산업의 발
전과 산업단지의 발전, 기업의 발
전, 국가의 발전을 견인하기 위해
기업중심 서비스와 정보중심 서
비스를 다양하게 제공하는 데 힘
쓰고 있다.

이러한 차원에서 한국산업단지
공단은 현재 산·학·연 통합정보망(e-cluster),* 기업이전종합지
원센터(comis),** 공장설립관리정보시스템(femis)*** 등을 구축하여
기업 및 기관에게 다양한 정보를 제공하고 있다.

산·학·연 통합정보망(e-cluster)은 지역전략산업의 육성 및
지역 클러스터 활성화, 기업, 대학, 연구소, 지원기관 간의 전문 인
력, 장비, 기술교류 등을 촉진시키기 위한 목적으로 구축되었다.

이 포털의 주요 제공서비스는 기업, 대학, 연구소, 지원기관의 전
문 인력, 기술 등의 정보를 제공하는 한편, 인력, 장비, 기술 교류

---

  * www.e-cluster.net 참조.
 ** www.comis.go.kr 참조.
*** www.femis.go.kr 참조.

등의 네트워크 활동 지원, 오프라인 클러스터 활동지원, 자금, 구인·구직 등의 정보제공을 통한 기업경영활동 지원 등이 있다.

기업이전종합지원센터(comis)는 지역의 경쟁력 강화를 통한 국가균형발전의 일환으로 수도권 기업이전제도 도입을 통한 실질적인 지방이전기업의 확보 및 기업이전을 희망하는 지역의 정보를 제공하기 위해 구축되었다.

이 포털에서는 보조금 지원기준, 지원보조금 안내, 특례와 지원한도, 기타 지원 사항 안내, 보조금 온라인 신청, 지역 산업단지 및 지자체 소개 등의 주요 업무를 수행하고 있다.

공장설립정보시스템(femis)은 효과적인 산업단지 조성과 공장용지 분양, 국가산업단지의 효율적인 관리 및 입주기업체의 경쟁력 강화를 위한 지원 등을 위해 구축되었으며, 공장설립절차, 공장검색, 공장설립관련 서식, 법령정보 및 기타 유익한 정보(통계자료, 산업단지 등에 대한 기초 정보자료 제공 등) 등의 제공을 주요 업무로 하고 있다.

한국산업단지공단은 산업단지라는 물리적 공간 속에서 폭넓은 혜안을 통해 기업과 국가를 최우선으로 생각하며 기업의 발전, 산업의 발전 등을 위한 기업가치 증진을 위해 지금도 발로 뛰고 있는 기관이다.

⁂ 5. 人事는 萬事이다! 그래서 아웃소싱이다

한국산업단지공단은 인재의 채용과 관련하여 아웃소싱을 하고 있다. 인재의 채용 수요가 발생하면 먼저 한국산업단지공단에서는 계획을 수립하고 모집공고부터 최종 1차 전형 합격자 선발, 인·적성 검사까지 종합적 인재 발굴에 대한 부문을 아웃소싱하고 있다. 이 과정에서 아웃소싱 공급업체는 최종 인재선발을 위한 5배수 합격 인재를 한국산업단지공단의 최종 면접에 응하게 하는 역할을 수행한다. 이러한 과정에 대한 결정이 쉬운 것은 아니었다.

'人事가 萬事'라는 것처럼 한 기관 혹은 기업에서 인재를 발굴하고 채용하는 것은 어떤 업무보다 중요하게 다루어져야 할 부문이기 때문이다. 그러나 인재 발굴을 전문기관에 아웃소싱을 통해 맡김으로써 최종 선발과정 단계까지의 불필요한 업무 간소화, 다양한 인재에 대한 다양한 시선(검정)의 검토, 보다 투명한 인재 채용 절차 확립 등의 유익을 바라보고 선택을 하게 된 것이다.

한국산업단지공단에서는 2005년부터 인재채용 업무를 아웃소싱하고 있다. 그 당시는 인터넷이 활성화되지 않아서 업무의 과부화가 많이 걸리고, 공정성 및 투명성 측면에서 외부에서 이 분야의 업무를 대행하는 것이 효과적이라는 판단을 내렸던 것이다.

인력채용을 위한 전담 내부인력의 확충 문제에 대한 고민은 인재 채용과 관련된 아웃소싱을 도입하게 된 배경이라고 할 수 있을 것이다. 인력의 채용이 무엇보다도 중요한 부분이라는 인식도 이러한 선택을 하게 된 하나의 이유라고 말할 수 있다.

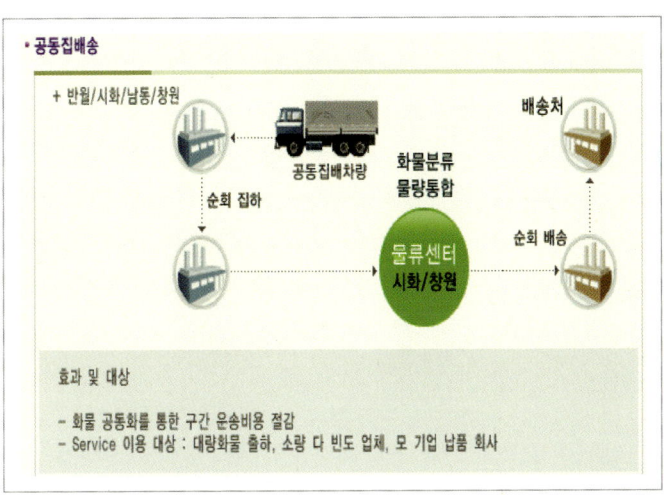

한국산업단지공단에서 직접 인력 채용 업무를 수행하다 보면 외압이 있을 수도 있기 때문에 투명성과 공단에서 필요한 인재를 선발할 수 있는 가능성을 보다 높이기 위한 방법으로 활용하고 있다.

아웃소싱을 수행하기 시작한 이후부터는 이 분야에 대한 한국산업단지공단의 내부 담당인력의 변화는 없었다. 한 명의 담당자가 아웃소싱 공급업체를 관리하면서 한국산업단지공단에서 최종 인력을 선발하는 업무를 수행하더라도 무리가 없는 상황인 것이다.

한국산업단지공단은 인재 채용 부문에서의 아웃소싱 수행으로 인한 목표를 망설임 없이 말하고 있다. 인재의 다양성 확보, 공단에서 생각하는 것보다 훨씬 더 좋은 인재를 채용하는 것을 목표라고 한다.

🏴 6. 인재 채용 아웃소싱 공급업체에 대한 신뢰

한국산업단지공단에서는 인재 채용을 수행하는 아웃소싱 공급업체를 한 업체에서 지속적으로 수행하는 것이 더욱 효율적이라고 말하고 있다. 현재 공단의 아웃소싱 공급업체는 '커리어넷'이다. 사실 '커리어넷'은 동종업계 사이에서도 인정을 받고 있는 기업이다. 때문에 '커리어넷'의 전문성을 인정하고 이 업체에 대한 신뢰를 가지고 있다고 말한다.

한국산업단지공단은 아웃소싱업체의 전문성과 더불어 경험과 독창성을 중시하고 있다. 과거의 실적보다는 현재 이 분야에서 다양한 사업을 추진하고 있는 업체가 이러한 요건을 가지고 있는 업체일 것이다.

사실 한국산업단지공단은 아웃소싱 공급업체에게 원하는 인재상에 대한 구체적인 요구를 하지 않는다. 그렇게 하지 않아도 업체의 경험과 전문성을 바탕으로 훌륭한 인재를 확보해 줄 것이라고 믿기 때문이다.

사실 요구를 해서 공단의 입맛에 맞는 인재를 선발하게 될 것이라는 보장이 없고, 그런 식으로 특정한 인재만을 선발하는 경우도 많지 않다. 어차피 다양한 지표를 통해 인재를 선발하기 때문에 그런 과정은 사실 필요가 없다는 것이다.

한국산업단지공단에서는 이 분야에 대한 아웃소싱이 진행될 경우, 특별한 사안, 즉 선발 지표의 수정 혹은 특별 채용 인력 배분 (사회적 약자층의 채용을 위한 배분 - 농어촌 지역 출신, 저소득층, 보훈대상자, 장애인 등) 등의 문제 정도만 관여하게 된다.

한국산업단지공단에서 이 분야에 대한 아웃소싱 비용으로 지출하는 금액은 1회당 1,300만 원 정도(인·적성 검사까지)라고 한다. 아웃소싱을 결정하게 된 목표가 달성된다면 이 정도의 금액은 아무것도 아니라고 평가한다.

▓ 7. 아웃소싱 능력 - 공급과 수요 업체 경험의 조화

한국산업단지공단은 향후에도 인재 채용과 관련된 아웃소싱을 지속적으로 수행할 계획이다. 채용 전문 회사들을 대상으로 견적 비교를 통해서 더욱 이 분야를 강화시킬 예정이다. 이 분야에 대한 전문성이 지속되고 만족도가 비교적 높은 이유는 업체 선정에 있어서 철저하게 담당자의 판단과 경험이 최우선되기 때문이다.

이런 상황들로 인하여 2005년부터 지속적으로 한 업체에서 이 업무를 수행해 오고 있지만, 큰 문제점은 없다. 오히려 '커리어넷' 이 한국산업단지공단의 정보를 많이 가지고 있고, 공단의 상황을 잘 이해하고 있기 때문에 유익한 점이 더 많다.

인재 채용분야 아웃소싱에 대하여 특별한 성과평가는 하지 않고 있다. 이 업무가 가지는 특성, 즉 인재 선발의 최종 권한은 철저하게 한국산업단지공단에서 보유하고 있고, 선발된 인재에 대한 평가와 책임도 공단에게 있기 때문이다. 물론 아웃소싱을 수행하는 과정에서 문제점이 발생할 수도 있지만, 사업을 원활하게 추진하기 위한 진통이라면 아무런 문제가 되지 않는다고 본다.

아웃소싱의 만족도는 사실 서로의 필요 목적에 의해 좌우되는 것이 대부분이다. 한국산업단지공단은 아웃소싱 공급업체의 경험과 전문성을 인정하고 신뢰하기 때문에 사업자로 선정하여 사업을 추진하고 있고, 아웃소싱 공급업체도 자신들의 경험과 전문성을 인정해 줄 수 있는 공단에 사업을 받아 무리 없이 수행하기 때문에 서로의 전문적인 영역에서 경험들이 조화를 이루고 있다. 때문에 만족도가 높아지는 것이 당연하다고 한다. 또한 이 분야에 대한 외부 기관 등의 평가가 좋다는 것도 만족도가 높은 이유라고 말한다.

▶ 8. 아웃소싱으로 인한 유익은 사업 외적인 부가적 성과 도출에 있다

한국산업단지공단이 수행하고 있는 이 분야에 대한 아웃소싱의 유익은 홍보효과 창출에 있다. 공급업체가 아웃소싱을 수행하는 과정에서 최소한 수십만 건 이상이 접수되고, 이 정도 규모의 사람들이 최소한 한 번은 공단의 홈페이지를 방문하게 된다는 점에서 굉장한 홍보가 있다고 말한다.

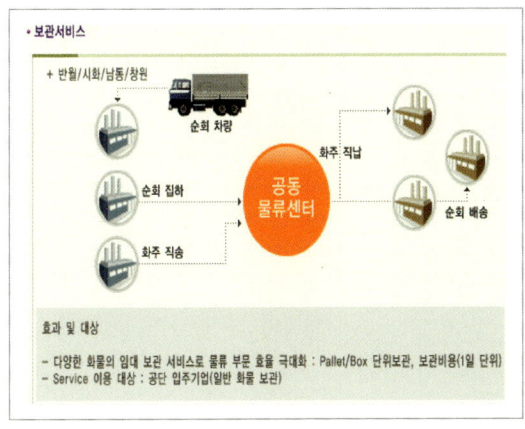

인재 채용을 위한 사이트의 개편 작업도 공단의 요구에 맞게 아웃소싱 공급업체에서 전부 수행하기 때문에 전혀 불편함이 없다. 한마디로 최종 면접을 통한 인재선발까지 공단에서는 신경 쓸 일이 별로 없게 된 것이다.

아직까지는 아웃소싱의 범위 확대, 즉 최종면접까지의 아웃소싱에 대해서 공식적인 고민을 하지 않고 있지만, 현재 수행하고 있는 아웃소싱에 대한 만족도가 높고, 향후에 최종면접 과정에 대한 아웃소싱의 수요가 발생한다면 긍정적으로 검토한다는 방침이다.

9 인재의 등용은 보다 철저하게 투명하고 객관적이어야 한다

한국산업단지공단은 그동안의 경험을 통해 인재 채용 혹은 발굴에 대한 아웃소싱은 보다 확대되어야 하고 정책적으로 활성화시켜야 한다고 자신 있게 말하고 있다. 우리는 종종 '낙하산 인사', '채

용 비리' 등 인재 채용과 관련된 바람직하지 않은 이야기들을 듣곤
한다. 이러한 문제를 이 분야에 대한 아웃소싱으로 상당부분 해소
할 수 있다고 판단하고 있다.

때문에 한국산업단지공단은 이 분야에 대하여 아웃소싱을 준비
하고 있거나 고려하고 있는 기관 혹은 업체에게 적극적인 추천을
하고 있다. 물론 최종 결정은 공단에서 내리는 시스템이지만, 최종
결정의 폭을 넓혀 주고 다양한 인재에 대한 경험을 하게 만들어 준
다는 점에서 충분히 활용해 볼 수 있는 아웃소싱 분야라고 말한다.

반드시 명심하여야 할 것은 아웃소싱은 단순 업무의 이양 혹은
대행이 아니라는 점이다. 반드시 필요한 부분에 대하여, 보다 객관
적이고 중요한 결정을 내려야 하는 업무 등을 수행하는 과정에서,
보다 투명한 결정에 도움을 줄 수 있는 방법으로 아웃소싱을 고려
해야 할 것이다.

아웃소싱 공급업체의 의견

[아웃소싱 성과]

우수한 채용솔루션과 대행 업무를 진행하는 대행기관 PM의 풍부한 경험과 전문성도 중요하지만 의뢰기업의 적극적인 협조와 피드백이 중요한 역할을 하였음
서로의 협력을 통해 인력/시간/비용을 절감하면서 보다 체계적이고 객관적이며 공정한 채용을 진행할 수 있었고, 기업이미지 제고와 함께 사이트 방문자 증대 등의 부가적인 성과까지 얻어 서로 간의 좋은 관계를 형성할 수 있었음

[아웃소싱 활성화를 위한 기업적/정책적 기대사항]

전문기관에 대한 아웃소싱이 시간/비용/인력 절감의 효과와 함께 전문적/체계적/효율적 채용이 가능하기 때문에 이를 적극적으로 활용할 수 있는 제도적 기반 마련이 필요함

[회사 소개]

커리어넷은 온라인 리크루팅 문화를 기반으로 HR 사업의 성공적인 비즈니스 모델을 만들기 위해 뜻을 같이한 전문가들이 모여 매스미디어, 취업교육, 경력개발 등 전문분야를 개척해 나가고 있는바 점점 속도가 빨라지고 있는 취업시장의 유연화와 고용시스템의 새로운 변화에 발맞추어 HR시장의 leading company로서의 역할을 충실히 수행하고자 노력하는 기업

선택과 집중의 해결책 14.
아웃소싱

:: 한전KPS와 (주)ID119닷컴

1. 국내 유일의 발전 관련 보수 전문 업체

2. 세계 최고라는 자부심으로 국제경쟁력 확보

3. 장비 운송관리 분야 아웃소싱

4. 고정 비용 및 인력 절감을 통한 안정적인 운영

5. 각 분야별 정보 교류로 아웃소싱 도입의 실패를 줄이라

구분	발주사
	한전KPS
업체명	
주요 업종	종합플랜트 서비스, 전력설비, 산업설비 정비 및 보수
대표명	권오형
주소	경기도 성남시 분당구 미금로1
홈페이지	www.kps.co.kr
요약	한전KPS의 교정장비 운송업무를 (주)ID119닷컴에서 담당하고 있음. 아웃소싱을 통해 경영층에서는 재정적인 효과와 인력의 효율성을 높일 수 있었음

▶ 1. 국내 유일의 발전 관련 보수 전문 업체

한전KPS의 모체는 1974년 10월 국내 최초로 발전설비, 송변전 설비 보수 전담을 목적으로 설립된 (주)한아공영에서 시작된다.

이후 1977년 한국전력의 (주)한전보수공단으로 출범하면서 국내 발전 관련 보수 전문업체로 재탄생하는 계기가 마련되었다. 1984년 한국전력의 전액 출자를 통해 국내 유일의 발전 설비 전문회사인 한국전력보수주식회사로 다시 발돋움하였으며, 2007년 1월 지금의 한전KPS로 개칭하면서 35년의 대한민국 발전정비의 역사를 오늘까지 이어가고 있다.

한전KPS는 우리나라의 수력·화력·원자력 발전설비의 시운전 정비, 경상예방정비, 계획예방정비, 개보수공사 등 발전설비의 정비와 송전선로에 대한 예방점검 및 고장복구 등 전력설비의 Total서비스(설계, 건설, 감리, 정비 등)를 제공하는 등 전력설비사업을 주력으로 하고 있다. 또한 민간산업 발전설비 정비, 해외 발전설비 운전 및 정비, 전문기술 서비스 등 발전 관련 정비가 필요한 곳은 모두 한전KPS의 일터인 셈이다.

최근 화석에너지 고갈 및 지구온난화 등 환경문제에 대한 해결 방안으로 신재생에너지에 대한 중요성이 부각되고 있는 가운데 한전KPS는 미래 신재생에너지사업의 잠재시장 선도를 위해 태양광 발전시스템 특허를 취득하고 시스템설계 프로그램, 계통보호 시험 장비 등 사업추진에 필요한 전용장비 확보에 나서고 있다. 또한 태양광 EPC프로젝트, 풍력O&M 등 범정부차원의 활동을 계획 중에 있다.

해외사업 분야에서는 세계적 종합플랜트서비스회사를 지향하는 글로벌 기업으로 발돋움하고자 1982년 이라크 바그다드 남부화력 발전소 계획예방정비공사를 시작으로 호주, 동남아시아, 서남아시아, 중동 등 다양한 발전설비 서비스를 수행하고 있으며, 최근에는 아프리카 등지로 사업의 영역을 확장하였다.

지난 2001년 한전KPS는 무차입 경영을 선언하면서 재무구조의 안정성을 확보하였고, 매년 꾸준한 매출성장률을 기록하면서 2007년 12월에는 유가증권 시장에 성공적으로 상장하는 등 경영안정화를 이룩하여 기업신뢰도를 높여 가는 경영성과를 달성하였다. 그리고 연 매출액은 2006년에 6천8백억 원 수준에 이르고 있으며 4,079명의 한전KPS식구가 함께 땀 흘리고 있다.

2. 세계 최고라는 자부심으로 국제경쟁력 확보

한전KPS의 발전설비 보수능력은 수력, 화력, 원자력 발전을 포함하여 세계 수준을 자랑하고 있다.

한전KPS는 국내 최고의 전력설비정비 전

문회사로 성장해 세계를 무대로 정비기술을 수출하고 있으며 사내 자격 국가공인, 한국인재경영대상 공공서비스 부문 최우수기업 선정, 공기업 최초 품질경쟁력 우수기업, 9년 연속 인증 및 공공부문 국가품질경영상 수상, 한국 경영혁신대상 수상 등 수많은 영광과 기쁨을 누렸다.

이러한 영광은 끊임없는 노력의 산물이다. 정부에서 인증받은 국가품질경쟁력시스템의 운영과, 사내 혁신분임조 활동, 경영혁신경진대회 및 혁신경영상 제도 운영 등 품질경영 혁신활동을 다각도로 추진한 결과이다.

이미 세계 수준에 도달한 기술은 고도화와 차별화를 통해 국제경쟁력을 더욱 강화하였고 이는 기술개발 및 연구개발, 체계적인 교육훈련 등을 통한 한전KPS의 숨은 힘이었고 세계 최고라는 자부심의 보이지 않는 땀이었던 것이다.

기술 고도화 및 기술 차별화를 통한 국제경쟁력 강화를 위해 기술개발 및 연구개발은 물론 종합연수원 및 원자력훈련원 운영, 사내 자격제도 실시 등을 통한 체계적인 교육훈련 등 직원 각각의 전문성과 역량을 고취하고자 전폭적인 지원과 투자에 최선을 다하고 있다.

또한 전력설비 및 관련 시설물의 개보수 공사를 수행함에 있어 필히 갖추어야 할 ASME Code, IEEE 및 ISO9001에 규정된 요건과 고객의 품질시방서에 따른 품질보증시스템을 완벽하게 확보한 품질보증활동을 통해서 한전KPS가 세계 최고의 품질을 갖추었다는 신뢰를 쌓게 한다.

더불어 고객과의 접점에서 이뤄지는 서비스표준 운영, 고객만족도 측정, 다양한 Voice Of Customer 시스템 등을 통해 고객의 의견을 즉시 수렴 · 처리하는 One - Stop 서비스 제공과 KSP한전만의 고객관계관리 시스템을 운영하면서 타 기업과는 차별화된 고객감동을 주고 있는 것이다.

사내 · 외에서 이뤄지고 있는 이러한 노력들은 '최상의 고객가치 창출로 인류회사에 공헌한다.'라는 한전KPS의 이념을 성취 가능토록 하며, 무결점을 통한 품질완성을 실현하고, 더 나아가 고객에게 다가가고 고객을 위한 서비스를 제공하는 인류공헌기업의 존재가치를 더욱 빛내고 있는 것이다.

이는 정도경영을 기축으로 사람중심 · 윤리경영과 사회공헌활동을 통해 공익과 수익의 조화를 이루는 국민 기업을 제1목표로 삼아 국내 전력산업의 발전을 한 단계 업그레이드할 수 있는 바탕이 되고자 하는 한전KPS의 신념이기도 하다.

고객만족, 혁신추구, 기술중시, 인재 육성, 세계지향이라는 핵심

가치를 기반으로 한전KPS는 2015년 매출액 1조 2천억 원인 세계 최고의 종합플랜트 서비스 회사가 되고자 한다.

이를 위해 윤리혁신, 고객경영의 실현, 정비사업의 성장추구 및 신성장동력 확보, 국제경쟁력 있는 정비엔지니어링 체계 확보에 내부 역량을 집중할 것이고, 글로벌 핵심인재를 육성하고 정비인력을 탄력적으로 운영하며 수익성 제고 및 재무구조 건전화를 통한 기업가치 극대화를 추구할 것이다.

⁂ 3. 장비 운송관리 분야 아웃소싱

전국의 각 발전장비 및 송전장비의 상태를 확인하는 측정장비를 최상수준으로 유지시킬 수 있도록 한전KPS 측정표준실에서는 관련 장비와 시설에 대한 검·교정서비스를 수행 중이다. 측정표준실에서 수행하는 검교정서비스는 이동이 불가능한 장비에 대해 안전성과 정확성을 보장하기 위한 필수 검사서비스로 한전KPS의 주요 업무 중 하나이기도 하다.

출장교정서비스를 수행하기 위해서는 전국 각지로 필요에 따라 요구되는 교정장비를 운송하며 서비스를 수행해야 하는데 장비의 운송관리는 고가의 교정장비의 안전한 이동을 목적으로 하기 때문에 많은 노력과 관심이 쏠리는 업무 분야이다.

과거 교정장비의 운배송을 직접 직원들이 하게 될 경우 출장횟수가 많아지고 인력뿐만 아니라 장비를 운송해야 하는 차량까지도 사업장에 있는 회사차량이 총동원되는 등 시간적·경제적으로 비효율적인 측면이 높아져 결과적으로는 비계획적으로 일을 수행하면서 체계적으로 일이 마무리되지 못하는 악순환이 반복하였다.

한전KPS가 아웃소싱을 최초로 제안하게 된 이유는 현장에서 근무인력이 장비운송인력으로 소진하게 되고, 이로 인해 현장에서 인력운영상 어려움이 발생했기 때문이다.

현재 한전KPS에서 아웃소싱을 기획 및 추진하는 부서는 아직 없고, 해당부서의 요구에 따라 각각 아웃소싱을 진행하고 있으며, 교정장비 운송업무는 (주)ID119닷컴이 현재 아웃소싱하고 있다.

(주)ID119닷컴은 연평균 50~100억 정도의 매출을 올리고 있는 전문 물류회사로서 업무적인 측면에서 충분히 만족할 만한 수준으로 수행하고 있다.

최초 아웃소싱 도입배경은 경제적으로 비용을 감소시키고 현장인력의 장비 운송부문에 과다한 투입을 방지하며, 운송에 있어서는 정시성을 확보하여 기존의 사업소 차량동원 및 현장 직원의 과다출장 등 인력비용 절감과 인력의 탄력적인 운영을 목표하였다.

이런 교정장비의 운송을 위한 아웃소싱에 대해 경영층에서는 재정적인 효과와 인력의 효율성을 높일 수 있는 방안이었으므로 굉장히 긍정적으로 판단하였다.

아웃소싱을 한 기간은 2002년도부터 현재까지 7년 정도 유지했으며 매년 아웃소싱에 소요되는 비용은 약 1억 원 수준이며 이는 한전KPS의 총매출의 0.01%에 해당되는 아주 미미한 수준이다.

한전KPS에서는 아웃소싱업체와 보통 2년 계약을 하고 계약 기간이 1년이 지났을 때 아웃소싱업체에 대한 평가가 긍정적일 경우 재계약을 건의하고 있다. 현 교정장비 운송 파트너로 결정한 (주)ID119닷컴은 최종 경쟁에서 물가정보, 정부노임단가의 변화 정도 등을 고려한 최적의 계약금을 내걸었고, 향후 재계약 시 평가내용을 반영하여 평가가 낮을 경우 7년 동안 한전KPS의 교정장비 운송업무를 수행한 파트너를 포기할 의사가 있음은 우리에게 시사하는 바가 크다.

❉ 4. 고정 비용 및 인력 절감을 통한 안정적인 운영

현장 48개 사업장을 대상으로 아웃소싱에 대한 만족도를 조사한 결과 80% 정도로 만족하고 있다고 평가되었다. 이 수준은 긍정적인 평가로 볼 수 있는데 업무에 대한 번거로움을 덜어주고 시간절

약 효과 등 본래 아웃소싱 도입목적과 부합한 효과를 얻었다. 현장 근무자의 응답과 마찬가지로 경영진에서는 상당부분의 예산절감과 인력절감 효과가 있어 아웃소싱 결과에 대해 상당히 만족하고 있다.

아웃소싱의 성과로는 운송분야에 대한 부담이 덜어져 업무의 포지션이 줄어들어 일의 집중력을 키우고, 간접적으로는 기술향상을 위한 시간투자가 더 늘어났고 비용절감의 효과도 있었다.

또한 내부 직원들끼리의 평등한 관계 속에서 일의 전달 및 지시가 조금 어려운 측면이 있었으나, 오히려 아웃소싱 업체 직원들에게는 수월한 일의 지시 및 전달이 이루어지고 있어 일의 추진 상황이 속도를 낼 수 있었다. 특히 자체적으로 아웃소싱이 성공적이었다고 생각하는 이유는 인력이 부족한 상황에서 인력의 충원을 아웃소싱을 통해 이루어 냈고 그에 따른 일의 집중으로 부대적인 상승효과가 발생되었기 때문이다.

하지만 아웃소싱에 있어서 가장 근본적인 문제점은 다분히 아웃소싱업체 간의 과다경쟁이 계약금액의 경쟁으로까지 영향을 미쳐 계약에 성공하더라도 재정적 이익을 남기기 위한 부실한 운송장비 및 인력투입 등 업무성과의 질 하락에 있다.

경쟁 입찰이기에 부득이하게 따라오는 문제점이므로 입찰 업체의 기준을 꼼꼼히 살펴봐야 하는 노력이 필요했다. 이러한 문제점을 해결하기 위해 한전KPS에서는 운송부문 아웃소싱업체에 대해 용역적격심사 지침 기준을 마련하였고 경쟁업체에 대해서 재무력, 기술력, 인력 등을 핵심적으로 평가하게 되었다.

또한 아웃소싱 초기에 일부 업무성과의 하락이 발생한 적도 있었다. 하지만 이러한 문제도 아웃소싱 업체 직원의 경험과 학력 등에 엄격한 제한을 줌으로써 향상시켰고 현재는 아웃소싱업체를 통한 성과에 대해 수행능력 부분은 만족하고 있다.

현재 아웃소싱을 공급하는 (주)ID119닷컴의 기술력, 전문성은 대체로 만족하고 있으며 자사의 업무에 대한 책임감이나 자부심을 갖고 열심히 일하고 있다. 그러한 점을 긍정적으로 생각하며 자사와 아웃소싱업체 간의 문제발생 시 쌍방 간의 회의나, 협의를 통해 원만하게 해결하려고 노력한다.

다만 한전KPS가 현재 아웃소싱업체에 바라는 점이 있다면 인력이 자주 바뀌지 않았으면 하는 것이다. 어느 정도 능숙한 수준에 도달한 후 인력이 바뀌는 경우 한전KPS 자체적으로 별도의 노력이 당연히 발생한다. 따라서 ID119닷컴에서 직원들의 성과급이나 복리후생 처우 개선 등의 노력을 하여, 이직이 없이 꾸준히 한전KPS의 업무를 해 주기를 원한다.

⁑ 5. 각 분야별 정보 교류로 아웃소싱 도입의 실패를 줄이라

현재 한전**KPS**는 교정장비의 운송 관련 아웃소싱 이외에도 방사선 관련, 온도 및 전기 분야에 대해서 아웃소싱을 진행하고 있다.

이 외에 추가적인 아웃소싱 도입은 현재 **KPS**한전의 내부 역량으로도 충분히 해결이 가능하다고 판단하여 추가적인 아웃소싱 도입은 없지만 정부의 인력 정원통제 시행과 업무량의 증가는 경제성, 시간절감, 전문성 향상의 이유로 아웃소싱 규모를 꾸준히 증가시킬 계획이다.

아웃소싱을 성공적으로 도입하기 위해서는 아웃소싱 도입 전 충분한 시장조사를 통해 인력, 재정, 업무능력, 관리부분 등의 시행착오를 최소한으로 하기 위해 아웃소싱 도입과 관련한 다양한 정보를 습득하여 전문성, 기술력, 역량 등을 고루 갖춘 업체와 아웃소싱을 시행해야만 아웃소싱 도입실패의 확률을 줄일 수 있을 것이다.

또한 활발한 아웃소싱을 위해서는 각 분야별 정보공유가 활발해져야 한다. 부문별로 아웃소싱 관련 공급 업체에 대한 데이터베이스가 있었으면 한다. 특히 정부나 전문기관에서 아웃소싱을 수행할 수 있는 업체에 대하여 자문을 받을 수 있는 기관이나 창구를 마련하면 좋을 것이다.

특히 해당 분야에 대하여 자격이 충분한 업체인지 평가 기록이나 아웃소싱 수행성과를 기준으로 아웃소싱 수행 기준표를 제시하여 준다면 아웃소싱의 수월한 도입을 도와줄 수 있을 것이다.

신뢰를 바탕으로 효율성을 극대화시키는 방법 15.

:: (주)포트론과 신성엔에스텍

1. 현재보다는 내일을 기다리는 포트론

2. 높은 기술력으로 불황도 이겨낸다

3. 포트론이 발전하기 위해 꼭 필요했던 선택, 아웃소싱

4. 신뢰를 바탕으로 한 아웃소싱이 필요하다

5. 아웃소싱의 질 확보가 관건이다

구분	발주사
업체명	(주)포트론 
주요 업종	LED 전광판 제조 및 도소매업
대표명	곽정례
주소	서울시 용산구 신창동 2-10
홈페이지	www.portron.net
요약	(주)포트론의 구매 부분을 전적으로 신성엔에스텍에서 담당하고 있음, 포트론이 생각하는 적정 가격에 적절한 물품을 구매해 주고 있음

⁂ 1. 현재보다는 내일을 기다리는 포트론

서울역 대합실에는 수많은 사람들이 의자에 앉아서 타고 갈 열차를 기다리며 한가로이 텔레비전을 보고 있다. 잠시나마 시간이 흐르고 역 어디엔가 설치되어 있는 스피커에서 11시 부산행 새마을호 열차 탑승객을 애타게 부르고 있다.

TV에 빠져 넋을 놓고 있던 사람들은 방송 소리에 정신을 차리고 귀를 기울이지만, 이미 스피커는 굳게 입을 다문 상태다. 사람들의 시선은 각자 다른 곳을 향한다. 휴대폰, 손목시계, 벽시계 등 각자 시간을 확인하기 위해서 두리번거린다. 잠시 후 사람들의 시선이 모여 한곳으로 쏠린다. 열차 운행정보가 빼곡히 적혀 있는 전광판에서 자신이 타야 할 열차를 확인한 사람들이 플랫폼을 향해 발걸음을 옮긴다.

이렇게 전광판들은 단순히 정보를 전달하는 역할을 해 왔다. 그러던 것이 2002년 월드컵 거리응원 이후부터 우리는 심심찮게 형형색색의 거리 전광판을 보게 된다. 전광판들이 다양한 그래픽과 함께 점점 화려해지는데, 이는 LED를 이용하면서 가능해졌다. 포트론은 이러한 전광판을 만드는 국내의 중소기업이다.

포트론은 1999년에 설립됐다. 하지만 실질적으로 전광판 사업을 한 것은 2002년도 월드컵 이후라고 할 수 있다. 2002년 이전은 연구개발에 치중을 한 기간이었다. 경영진뿐만 아니라 직원의 대부분이 전광판 관련 기업에 종사했던 엔지니어 출신들이다. 전광판 분야의 엔지니어들이 모여서 일을 시작했기 때문에 기술적인 부분에 더 중점을 두고 있다. 현재까지도 포트론은 기술력에 큰 가치를 두고 회사를 운영하고 있다.

포트론은 인터넷 사업에 본격적으로 진출하고 있다. 인터넷 전광판 방송서비스를 주축으로 하는 무선인터넷 포탈 커뮤니티인 wibs.tv를 운영하고 있다. 이것을 미래형 비즈니스 모델로, 이를 통해서 회사의 가치를 창출할 것이다.

포트론은 꾸준한 연구개발을 통해서 새로운 경제 환경에 적응하고, 더욱 발전된 모습으로 거듭나기 위해서 노력하는 경영 전략을 펼치고 있다. 이러한 경영 전략은 현재뿐 아니라 미래의 포트론에게 밝은 희망으로 다가올 것이다.

▶ 2. 높은 기술력으로 불황도 이겨낸다

포트론 매출 구조는 90%가 전광판 관련 매출이고 나머지 부분은 현황판이 차지하고 있다. 현황판도 조금 낮은 기술의 전광판이라고 볼 수 있다.

현재 포트론의 직원은 12명이다. 매우 작은 규모라고 느껴질 수 있지만 직원 모두가 기술을 보유한 엔지니어이기 때문에 웬만한 규모를 가진 기업과도 기술경쟁력에서 뒤지지 않는다. 2007년 기준 매출은 30억 원 정도였는데 설립 초기 어려웠던 사정에 비하면 비약적으로 성장한 것이다.

설립 초기 매출이 거의 1~2천만 원을 오르내렸고, 당연히 영업이익은 마이너스를 기록하고 있었다. 하지만 포트론은 당황하거나 좌절하지 않았다. 설립 초기 어렵더라도 기술 축적에 매진하여 다가올 미래를 대비하자는 믿음으로 전 직원이 똘똘 뭉쳤다. 이러한 포트론의 노력은 2000년 이후 조금씩 빛을 보기 시작했다. 2000년을 넘어서면서 흑자로 전환되었고, 직원도 한 명, 두 명 충원되기 시작한 것이다.

요즘은 어떠한 분야에 있어서도 경쟁을 피할 수 없다. 독점이라는 개념 자체가 무너진 지 오래되었기 때문이다. 내가 하는 것은 어느 누구든 할 수 있다는 것이 포트론의 지론이다. 이는 공공, 민간 가릴 것이 없으며 국내와 해외 역시 사정이 다르지 않다. 해외 사업에 있어서도 현지에 있는 기업들과 경쟁을 하면서 입찰에서 탈락하는 경험을 수차례 겪었다.

국내의 경우 말할 것도 없이 경쟁이 더 치열하다. 그러나 엔지니어의 기술을 토대로 두고 움직일 수 있는 회사는 극히 드물다. 대부분의 큰 회사는 영업 위주로 사업을 하고, 포트론과 같이 적은 인원으로 구성되는 회사는 기술력으로 움직이는 경우가 많다.

이러한 기술력이 시장에서 인정받기 시작하였고 앞으로도 이러한 경향은 지속될 것으로 보고 있다. 물론 아주 큰 규모의 발주인 경우 영업력을 앞세우는 회사에 재발주를 받는 경우도 있다. 물론 이는 아주 예외적인 것이다.

전광판 관련 시장은 앞으로도 경쟁이 치열할 것으로 보고 있다. 지금처럼 국가적으로 경제가 어려울 때는 영업 위주로 운영하는 회사들 중 소규모 기업들은 상당수 도태될 것으로 보고 있다.

시장의 규모는 축소될 수밖에 없고, 전광판 설치를 위한 업체 선택에서 신중해질 것이다. 최소한의 비용으로 기술력을 우선시해서 업체를 선택하게 된다. 기술력 없이 인적 네트워크만 가지고 영업 위주의 사업을 펼쳤던 기업들은 한계에 봉착할 수밖에 없다.

하지만 이러한 어려움들은 오히려 포트론과 같이 기술을 보유한 기업에 유리하게 작용될 수 있다. 포트론은 기술력 하나만큼은 어느 누구에게도 뒤처지지 않을 자신감을 가지고 있다.

앞으로의 사업 방향은 전광판 관련 분야는 핵심 사업 분야로 지속하면서, 파워나 LED조명 쪽으로도 자체 개발 기술을 보유하기 위한 연구를 지속하고 있다. 파워, LED조명의 경우 시장의 규모가 전광판시장보다 훨씬 크다. 또한 전광판에서 꼭 필요한 기술 분야이기도 하다. 전광판사업과 상관관계가 굉장히 높기 때문에 관련 기술을 연구하고 개발하는 것은 포트론의 주력사업에도 상당히 긍정적인 효과를 미칠 것이다. 포트론의 매출구조에 있어 내수와 수출 비중은 상황에 따라 달라진다. 평균적인 수출 비중은 10% 정도로 보고 있다. 수출시장은 앞으로 개척이 필요한 중요한 시장이다.

물론 외국 기업들과의 경쟁에서 이길 수 있는 기술력을 보유하였기 때문에 시장을 개척할 자신도 있다. 주요 수출국은 일본, 중국 등이고 이번에 진출할 지역은 최대 시장인 미국이다.

하지만 지금의 경제 상황이 워낙 좋지 않아 수출에 관한 구체적인 전략은 향후에 수립할 예정이다. 위기상황에서 한파가 가장 먼저 몰아치는 곳은 광고계이고, 전광판은 광고와 밀접한 관련이 있기 때문이다.

이런 위기는 국내보다 해외에서 먼저 몰아칠 것으로 보인다. 포트론은 기술력을 바탕으로 하고 있기 때문에 불황에서도 그나마 명맥을 유지해 나갈 수 있을 것으로 보고 있다. 앞서 언급한 바와 같이 최근 일련의 상황들이 기술력이 없는 회사들의 명맥 유지를 좌우하는 큰 시련으로 다가올 것이다.

사실 포트론의 시장점유율은 그리 높지 않다. 현재 시장에는 100억 원이 넘어가는 업체들도 있고, 포트론보다 더 소규모의 업체들도 많다. 매출이 100억 원이 넘어가는 업체들을 쫓아가려면 외형을 많이 키워야 하지만, 그만큼 지출되는 비용이 많아질 것이고, 결국 그 비용을 포트론이 감당할 수 있느냐가 중요하다. 현재 전광판 시장 하나만으로는 이러한 규모를 감당하기 어렵다. 포트론은 무작정 외형을 키우는 게 아니라 기술력을 바탕으로 내실을 탄탄히 다지면서 성장하고 있다.

▓ 3. 포트론이 발전하기 위해 꼭 필요했던 선택, 아웃소싱

포트론은 업무 전체를 아웃소싱하는 부분은 없다. 자재수급, 설계, 케이스, 부품 등 각 영역마다 일부분씩 아웃소싱하고 있다. 모든 부분을 아웃소싱을 준다면, 단지 영업에만 집중하는 회사로 비칠 수 있기 때문에 자제하고 있다.

하지만 기술력을 가진 회사라고 해서 모든 것을 자체적으로 해결할 수 없다. 포트론도 모든 것을 다 소화한다는 것은 불가능하기 때문에 아웃소싱은 필수불가결한 요소이다. 특히 구매와 같이 인력을 직접 파견해서 물건을 일일이 확인해야 하는 업무의 경우 아웃소싱의 필요성이 더욱 절실하다.

구매와 관련된 아웃소싱은 2004년도부터 시작되었다. 그전에는 포트론이 직접 담당하는 부분도 있었고, 외부에 의뢰를 하는 것도 있었다. 그러다가 2004년부터 구매 부분을 전적으로 아웃소싱 공급업체에게 맡기고 있다.

포트론이 구매 품목 리스트를 작성하면, 전 품목에 대한 시장조사를 시행한 후 견적서를 포트론에게 보내준다. 이러한 과정은 서로의 믿음을 전제로 이루어진다. 서로 믿고 움직이지 않으면 아웃소싱이 잘 이루어질 수가 없다.

전반적인 구매는 부품들과 관련된 품목들이 주를 이루고 있다. 아웃소싱 업체는 구매를 전문으로 하는 전문 업체이다. 포트론의 직원들이 모두 엔지니어들이기 때문에 구매 전문 업체들에 대한 풀은 어느 정도 자체적으로 가지고 있었다. 또한 부품에 대한 원가들도 대략적으로 알고 있었기 때문에 원가에서 적정이윤을 붙인 업체를 선택했다.

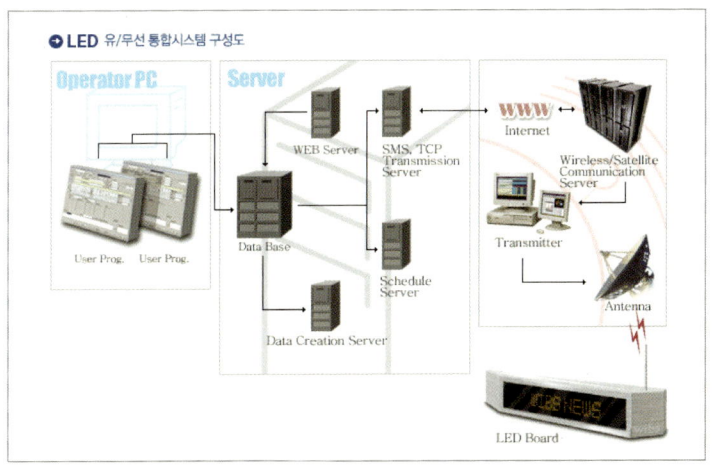

무조건 비용을 기준으로 아웃소싱 업체를 선정하지는 않았다. 마진을 터무니없이 올린 업체는 당연히 배제가 되었고, 너무 낮은 마진을 제시한 기업도 배제하였다. 최소한의 품질을 보장할 수 있을 만한 업체, 즉 포트론이 생각하는 적정 가격에 적절한 물품을 구매해 줄 수 있는 업체를 찾은 것이다.

그 업체가 바로 '신성엔에스텍'이다. 아웃소싱을 맡겨 놓는다고 포트론이 시장조사를 하지 않는 것은 아니다. 시장이 어떻게 흘러가는지를 대략적으로 파악하고 있어야 아웃소싱 업체와 좋은 관계를 유지할 수 있기 때문이다. 시장에 대해 전혀 모르고 있으면, 아웃소싱 업체들이 눈 가리고 아웅 하는 식의 일들이 발생할 수 있는 최악의 경우까지 발생할 수 있기 때문이다.

아웃소싱 업체 선정에 있어서 비용 부문도 중요하지만, 무엇보다도 자재의 원활한 수급이 중요하다. 단순히 부품만 요구하면 수급이 잘 이루어지지 않을 수도 있다. 어떤 아웃소싱 업체들의 경우 포트론이 구매를 요청했을 때 며칠 동안 보유한 채 딴청을 피우고 있는 업체들도 있다. 일종의 알력으로 업계의 좋지 않은 관행이다.

포트론은 현재 아웃소싱을 맡긴 업체를 수시로 방문하여 상황에 대해 논의하고 있다. 수시로 방문하기 때문에 어떤 자재를 요청했을 때 포트론 직원이 직접 구매하는 것과 똑같이 재빠른 수급이 이루어진다. 그렇게 움직이다 보니 서로에 대한 신뢰도 높아질 수밖에 없다.

아웃소싱 공급업체는 구로 상가에 위치해 있다. 용산이나 다른 업체들과도 거래를 했었는데, 아무래도 포트론과 지리적으로 가까이 있는 것이 자재 수급 면에서도 훨씬 유리하다고 판단했기 때문이다.

초반에 아웃소싱을 제안한 것은 중간관리자이다. 해당 업무를 처리하면서 아웃소싱을 통해서 업무를 처리하는 것이 훨씬 효율적일 것이라는 판단에 따른 것이다.

비용에 대한 지급은 매달 이루어지고 있지만, 계약은 연간 단위로 이루어지고 있다. 지출되는 비용도 상당히 큰 편이다. 전광판 자체가 많은 부품으로 이루어져 있기 때문에 자재비가 차지하는 비중이 높다.

회사의 전체 지출에서 구매 쪽만 놓고 보면 30% 정도 비중을 차지하고 있다. 연간으로 봤을 때는 7~8억 원 정도이지만, 그 수치는 매출에 따라 달라진다. 다만 전광판 사업은 주문을 받아서 이루어지기 때문에, 아웃소싱 공급업체도 그때그때 주문에 따라 움직일 수밖에 없다. 따라서 지출되는 비용도 매달 달라진다.

▓ 4. 신뢰를 바탕으로 한 아웃소싱이 필요하다

현재까지는 아웃소싱 업체에 대해서 부족함을 전혀 느끼지 않고 있다. 가장 큰 성과라고 한다면 자재의 원활한 수급과 아웃소싱 공급업체 직원이 포트론의 직원처럼 느껴질 정도로 서로 유기적으로 업무가 잘 이루어지고 있는 것을 들 수 있다.

비용이 낮은 대신 남의 일처럼 성실하지 않는 업체들도 종종 있다. 이때 낮은 비용은 절대로 장점이 될 수 없을 것이다. 아웃소싱 업체가 불성실하면, 그만큼 포트론에게는 손실로 이어진다. 적정한 가격을 유지하면서 성실하게 작업에 임하고, 적기에 자재를 제공해 줘야 한다. 주문을 받아 제작하는 입장에서 시간은·신뢰이며, 가장 큰 경쟁력이 되기 때문이다.

지금 아웃소싱을 맡기고 있는 업체는 시간 개념이 워낙 투철해서 아웃소싱 업체를 교체할 생각은 전혀 없다.

'신성엔에스텍'의 규모는 포트론과 대동소이한 것으로 알고 있으며, 현재 포트론만을 담당하는 전담 직원까지 배치되어 있다. 포트론의 경우 직원들이 대부분 엔지니어이다 보니 별도의 부서를 두고서 아웃소싱 업체를 담당하고 있지 않고 있다. 연구소에서 서류적인 부분을 취합하는 사람이 있기는 하지만 따로 업체를 담당해서 선택하고 관리하는 사람은 없다.

영업을 제외한 대부분의 엔지니어들은 아웃소싱 업체 직원과 밀접한 관계를 맺고 있다. 각 파트별로 필요한 사람이 직접 업체 직원과 커뮤니케이션을 한다. 조직이 빨리 움직일 수 있는 최고의 선택은 복잡한 단계를 생략하고 줄이는 것이다. 포트론처럼 작은 규모에서는 바로 사장이나 윗사람에게 보고가 돼서 구매가 재빨리 이루어져야 업무가 신속하게 진행된다.

아웃소싱 최대 성과는 별도의 부서를 만들어서 해야 할 일을 전적으로 맡아 주는 점이다. 기본적으로 별도의 구매 부서를 둔다거나, 자재관리부서를 조직함으로써 발생하는 역량 낭비 요소가 사라진다는 것이다. 아웃소싱을 하면 그 업체에서 인력과 자재구입업무가 모두 관리되기 때문에, 내부에 부서와 인원을 두고 하는 것에 비해 훨씬 효율적이라고 볼 수 있다.

그나마 단점이라고 하면 내부에 부서가 있을 경우 내부적으로 행정 서류 관리를 해당 부서에서 맡는 것이 효율적이지만, 그 부서 자체가 없다 보니 비용 지출이나 구매 영수증과 같이 서류상으로 가끔 혼선을 빚기도 한다.

하지만 이러한 단점은 장점에 비해 너무나 작고 세세한 부분이라

할 수 있다.

포트론과 아웃소싱 공급업체가 지금까지 잘 이어온 것은 상호 간의 신뢰와 믿음을 가지고 있기 때문이다. 아웃소싱 업체는 포트론에게 업무에 대한 신뢰를 줬고, 포트론은 대금결제와 같이 서로 해야 할 일은 시간을 엄수하여 정확하게 처리하였다. 이러한 점들은 서로 간의 신뢰를 쌓게 되는 원동력으로 작용하고 있다.

그리고 포트론은 아웃소싱 공급업체에게 회사 사정을 솔직하게 털놓고 이야기하는 편이다. 지급할 금액을 보유하였을 때 바로 지급하고, 자금이 부족할 때는 미리 양해를 구하고 결재일을 약간 미루기도 한다. 이유 없이 몇 달씩 시간을 끌거나 대금결제를 받는게 어렵다고 한다면, 서로의 신뢰에 금만 갈 뿐이다. 이런 게 몇 번 쌓이면 그 관계는 곧 깨져 버리고 말 것이다. 서로 이해를 하면서 서로 간에 믿고 신뢰를 해 주기 때문에 지금까지 좋은 관계를 이어온 것으로 생각하고 있다.

⟫ 5. 아웃소싱의 질 확보가 관건이다

기업의 덩치가 무조건 커진다고 해서 그것이 좋은 현상인 것은 아니다. 내실을 다지지 않고, 외형을 키우다 보면 쉽게 무너질 수밖에 없다. 외형을 키우되 내부적으로도 기술 개발 등으로 외형을 견딜 수 있는 구조를 탄탄하게 해 줘야 한다. 회사의 규모를 적절하게 가져가기 위해서는 핵심적인 부분, 즉 연구개발이나 생산 등의 핵심 부분은 자체적으로 가져가면서 동시에 아웃소싱을 겸해야 한다고 생각하고 있다.

또한 각 분야의 전문적인 아웃소싱 공급업체들이 파악이 돼서 인프라를 구축하고 있다면, 아웃소싱 수요업체들에게도 많은 도움이 될 것이라고 보고 있다.

또한 업체들의 능력이 어디까지인지 파악할 수 있는 아웃소싱 업체들의 네트워크가 제대로 구축되어 있다면, 서로의 부족한 부분을 보충해 줄 수도 있고, 결과적으로 봤을 때는 산업 전체가 효율적으로 변화할 수 있을 것이다.

앞으로의 기업들은 조직을 슬림화하여야 할 것이다. 단지 규모를 자랑하기 위해서 비효율성을 안고 가는 것보다 떼어 낼 것은 과감하게 떼어 내야 한다. 포기할 것은 포기해서 역량을 집중해야 살아남을 수 있다. 떼어 낼 수 없지만, 역량을 집중할 수 없는 분야는 과감히 아웃소싱을 선택해서 효율성을 높여야 할 것이다. 일개 기업에 대한 문제로서가 아니라 산업 전반에서 효율성을 극대화시키기 위해서 아웃소싱은 육성되고 활성화돼야 할 것이다.

사실 효율성이라는 문제 때문에 아웃소싱은 계속될 수밖에 없고, 지금도 계속 진행되고 있다. 결국, 정작 중요한 문제는 아웃소싱의 질이다. 서로가 발전할 수 있는 기회가 되어야 한다.

지은이 | 지식경제부 산업연구원
펴낸이 | 채종준
기 획 | 이주은
편 집 | 박재규
마케팅 | 김봉환
표지디자인 | 이효정
아트디렉터 | 양은정

초판인쇄 | 2010년 5월 31일
초판발행 | 2010년 5월 31일

펴 낸 곳 | 한국학술정보㈜
주 소 | 경기도 파주시 교하읍 문발리 파주출판문화정보산업단지 513-5
전 화 | 031) 908-3181(대표)
팩 스 | 031) 908-3189
홈페이지 | http://ebook.kstudy.com
E-mail | 출판사업부 publish@kstudy.com
등 록 | 제일산-115호(2000. 6. 19)

ISBN   978-89-268-1048-4 13320 (Paper Book)
        978-89-268-1049-1 18320 (e-Book)

이담
books 는 한국학술정보(주)의 지식실용서 브랜드입니다.